GW01373510

Tsunami 2

Tsunami 2

Marina Azahua · Lydia Cacho
Dahlia de la Cerda · Diana del Ángel
Lia García (La Novia Sirena) · Valeria Luiselli
Fernanda Latani M. Bravo · Luna Marán
Sylvia Marcos · Ytzel Maya
Brenda Navarro · Jumko Ogata

Edición y prólogo de Gabriela Jauregui

Todos los derechos reservados.
Ninguna parte de esta publicación puede ser reproducida,
transmitida o almacenada de manera alguna sin el permiso previo del editor.

Creative Commons ©
MARINA AZAHUA
LYDIA CACHO
DAHLIA DE LA CERDA
DIANA DEL ÁNGEL
LIA GARCÍA (LA NOVIA SIRENA)
FERNANDA LATANI M. BRAVO
VALERIA LUISELLI
LUNA MARÁN
SYLVIA MARCOS
YTZEL MAYA
BRENDA NAVARRO
JUMKO OGATA

Edición y prólogo
© GABRIELA JAUREGUI

Imagen de portada
© PIA CAMIL, 2018

Traducción del texto «Agua negra»
© MARTA LÓPEZ, 2020

Primera edición: 2020
Primera reimpresión: 2020

Copyright © EDITORIAL SEXTO PISO, S. A. DE C. V., 2020
América 109
Colonia Parque San Andrés, Coyoacán
04040, Ciudad de México

SEXTO PISO ESPAÑA, S. L.
C/ Los Madrazo, 24, semisótano izquierda
28014, Madrid, España

www.sextopiso.com

Copyright © UNIVERSIDAD AUTÓNOMA METROPOLITANA, 2020
Unidad Cuajimalpa
Vasco de Quiroga 4871,
Santa Fe, Cuajimalpa
05348, Ciudad de México

www.cua.uam.mx

Formación
Rebeca Martínez

ISBN: 978-607-8619-44-3, Sexto Piso
ISBN: 978-607-28-1881-1, UAM

Impreso en México

ÍNDICE

Prólogo:
El cuerpo en la línea — 9
GABRIELA JAUREGUI

La rebelión de las Casandras — 15
MARINA AZAHUA

Fragmentos del diario de una feminista — 39
LYDIA CACHO

Feminismo sin cuarto propio — 59
DAHLIA DE LA CERDA

Hacer(nos) casita — 99
DIANA DEL ÁNGEL

A mares sobreviviremos:
Metáforas del dolor trans' — 111
LIA GARCÍA (LA NOVIA SIRENA)

Agua negra (Fragmento del ensayo sonoro
Echoes from the Borderlands) — 125
VALERIA LUISELLI

Temblores en el corazón:
Crónica de una geografía emocional — 145
FERNANDA LATANI M. BRAVO

¿Quién apagará los incendios?   157
LUNA MARÁN

Un bosque de mujeres:
Carta a las zapatistas   175
SYLVIA MARCOS

El hambre soy yo   191
YTZEL MAYA

4 diatribas y media en la Ciudad de México   211
BRENDA NAVARRO

Las historias que nos construyen   223
JUMKO OGATA

PRÓLOGO:
EL CUERPO EN LA LÍNEA

Gabriela Jauregui

Mientras escribo estas líneas, el mundo atraviesa una pandemia. Tecleo frente a la computadora, pero no tecleo sola: conmigo están otras que me acompañan e impulsan mis palabras, este breve gesto de rememorar —porque recordar es volver a pasar por el corazón y remembrar es devolverle los miembros al cuerpo, en la memoria—. Y así, desde hace dos años guardo en el cuerpo la memoria del nudo tieso en la garganta al leer las decenas de abusos y violencias desahogados durante el #MeTooMx que empezó con escritoras jóvenes valientes alzando la voz, y en este cuerpo sigue ese dolor nublado de los abusos que callé. El mismo cuerpo guarda también la memoria luminosa de la brillantina fucsia en mi cuero cabelludo, entre las uñas, en los párpados y pómulos de mis hijas. Aquí, en la nariz, se queda el olor acre a extinguidor y PKP. Las mariposas en el estómago al salir con tantas otras a las calles, de darnos la mano entre amigas y desconocidas. Los rastros de lágrimas detenidas en las esquinas de mi boca al ver a adolescentes de secundaria y prepa apuntar los dedos al edificio de la SSP en la glorieta de Insurgentes mientras cantaban *No, pendejo, no, que te dije que no* y el eco entre los edificios de *América Latina será toda feminista*. Tengo las manos palpitando de aplaudir la despenalización del aborto en Oaxaca; los muslos adoloridos de aquel día en el que centenas de mujeres bailamos gozosas la coreografía de las hermanas chilenas, *el violador eres tú*, señalando hacia la Catedral, hacia el Palacio Nacional. Este cuerpo también guarda la bilis y la angustia en la boca del estómago de los gases lacrimógenos frente a Bellas Artes, de mujeres corriendo en sentido contrario por Avenida Madero mientras otras nos quedamos detenidas haciendo un cordón de seguridad y unas apaciguaron todo cantando por megáfono. El cosquilleo emocionado, sin traducción y sin nombre, en el cuerpo al ver que algunas alzaron una bandera de México negra, de luto por tantas, en el asta bandera del Zócalo, mientras otras bailaban a la luz del fuego. El corazón lleno de esa pequeña luz de las zapatistas, a dos años del primer encuentro de mujeres que luchan, que nos alumbra a muchas. La euforia en el pecho cuando la CNDH fue tomada por familiares de víctimas de feminicidio y desaparecidxs en conjunto con el Bloque Negro, después de tanta impotencia y frustración ante la violencia creciente durante el encierro. Quedan estos puños apretados y las uñas clavadas en la palma de la mano al leer mensajes cada vez más neofascistas de feministas transodiantes y racistas. Y guardo el dolor clavado en los huesos, la rabia en la tripa, al leer sobre tantas niñas y mujeres con cuerpxs diversxs, cada vez más, siempre demasiadas, mutiladas, encajueladas, tiradas a orillas de carreteras, las vidas destruidas, presentes sin futuro, y en mis oídos retumba el eco de esos versos del himno de Vivir Quintana: «Si tocan a una, respondemos todas».

¿Cómo respondemos? ¿Con la voz entrecortada? ¿Con el cuerpo? ¿Con la lata de aerosol? ¿Con un coctel molotov? ¿Con toda nuestra rabia? ¿Con nuestra inteligencia? ¿Con todo lo que tenemos y somos? ¿Cuántas formas posibles de respuesta hay?

Tantas como nosotras. «Nuestra arma es la voz», dijo Marichuy en la toma reciente del INPI y ya había mencionado Gloria Anzaldúa que la responsabilidad es nuestra habilidad de responder: con la boca, la voz, y en las puntas de los dedos cargamos y enunciamos esa responsabilidad. Las voces aquí reunidas cuestionan el amor tradicional entre una hija y su madre, las relaciones posibles y el deseo en una comunidad zapoteca; reflexionan sobre las historias que nos han contado sobre la identidad, sobre los cuerpos normados, las periferias, las disidencias; se preguntan por las luchas de izquierda que hacen jerarquías entre los cuerpos, por la «sororidad» entre unas a costa de otras; cuestionan nuestra participación en el juego de la estupidez desde la valentía adolescente; se duelen por el extractivismo que penetra nuestros cuerpos-territorios; ponen en entredicho las teorías racistas, clasistas y discriminatorias de ciertas manifestaciones radicales del feminismo, e imaginan las posibilidades de un futuro alegre después del hartazgo y el dolor, desde las perlas-cicatriz o los monumentos vueltos archivos íntimos, y las voces que la historia quiso borrar hablan fuerte y claro. Escriben para un nos*otras* que se vuelve un bosque de mujeres —metáfora potente de la diferencia y la equidad—. Porque si el feminismo y las luchas de las mujeres no son de todas y para la emancipación de todas entonces no son para ninguna. Por esto es urgente cuestionar en qué momentos nuestro privilegio nos ciega o nos ensordece, y es urgente asumirlo y seguir descentrando la experiencia de las mujeres no racializadas y de la capital. Es urgente abrir más espacios para las experiencias de mujeres de diversos contextos y cuerpxs y cuestionar cómo nos atraviesan las opresiones y los privilegios de formas distintas porque también es urgente salir de respuestas cómodas. Como escribe mi queridx Raquel Gutiérrez: «Si hay algo que hacer con el privilegio, es arriesgarlo. E incluso eso nunca será suficiente».

Han sido dos años intensos en las luchas de las mujeres en México desde que publicamos el primer *Tsunami* (2018) y todas esas olas expansivas acompañan este segundo *Tsunami*. Con ello también la necesidad de volver a la palabra, a tender puentes de reflexión y afecto entre muchas, diversas, desde la celebración de la diferencia más que desde la igualdad totalizante, para generar imaginaciones de otros presentes que construyan un futuro de vida y no de muerte. Para pensar cómo respondemos —una pregunta abierta más que una respuesta—. Esa duda compartida es una invitación a las posibilidades políticas, éticas y estéticas que se manifiestan en este libro, en el acto colectivo de contar historias que es semilla y fruto de la resistencia.

LA REBELIÓN DE LAS CASANDRAS

Marina Azahua

MARINA AZAHUA (Ciudad de México, 1983) es ensayista, editora, historiadora y antropóloga. Su trabajo se centra en el estudio de la violencia, sus representaciones y las formas de resistencia colectiva que surgen ante sus efectos. Escribió los libros *Ausencia compartida. Treinta ensayos mínimos ante el vacío* (FOEM, 2013), libro ganador del Certamen Internacional de Literatura Sor Juana Inés de la Cruz 2012 y *Retrato involuntario. El acto fotográfico como forma de violencia* (Tusquets, 2014), libro ganador del Premio Interamericano de Literatura Carlos Montemayor 2015. Estudió historia en la Universidad Nacional Autónoma de México, es maestra en escritura creativa y edición por la Universidad de Melbourne y actualmente es doctorante en antropología por la Universidad de Columbia. Es una de las cinco editoras fundadoras de Ediciones Antílope, donde la labor editorial en colectividad le confirma a diario las virtudes de trabajar con lentitud y la belleza de nunca trabajar en soledad.

> Mis profecías dejarán de asomarse tímidamente tras un velo. Se precipitarán claras, como un viento frío avanzando hacia el crepúsculo, y se elevarán como una ola a contraluz, con más desolación que resplandor. No más enigmas. Sean ustedes mis testigos, acompáñenme paso a paso, mientras rastreo las huellas de crímenes cometidos hace mucho tiempo... los crímenes antiguos de esta casa los conozco bien.
> Casandra, en la *Orestíada* de Esquilo.*

> El problema es que no nos creen...
> Mariana Enríquez,
> «Las cosas que perdimos en el fuego».

Décadas de repetirlo: nos están matando. Y de cara a ello, el silencio de vuelta. Como si nadie fuera de nosotras mismas escuchara. Como si el grito viniera de un lugar muy lejano o se enunciara desde la mitad de la nada, lejos de todo. O tal vez fue oído, y nada más —presa de esa distinción tan decisiva entre

---

* Traducción (más o menos libre) de la autora, de la edición en inglés de la *Orestíada* donde se lee: «Well, then, my prophecies won't peek again like some shy newlywed from behind a veil. No, they will blow clear as a fresh wind toward sunrise, and surge like a wave against the new light with a woe far greater than its shining. No riddles anymore. You be my witness, running beside me stride by stride as I sniff out the track of crimes done long ago!... I know the legacies of crime within this house». (Aeschylus, Shapiro, A., & Burian, P. (2011). The Complete Aeschylus : Volume I: *The Oresteia*. Oxford University Press).

el oír y el escuchar—. Si nuestras palabras no lograron cruzar el abismo entre la percepción y la incomprensión, ¿será porque se articularon en un lenguaje disforme, con el vocablo equivocado, en el tono impreciso? Siempre nuestra culpa. ¿No quisieron escucharnos, o más bien no éramos escuchables? Si por algún milagro fue aprehensible nuestra voz, ¿entonces sería que, más bien, resultó ignorable? Ignorable quizás porque era mucho más fácil simplemente no creernos.

*

Cuando gritamos que nos están matando, no es una plegaria. No es sólo un grito, ni una denuncia. Decir que nos están matando es articular una profecía. Un augurio que carga el destino manifiesto de su credibilidad vulnerable. Casi siempre pareciera destinado a ser leído como exageración... hasta que se cumple. Una, y otra, y otra, y otra vez, se cumple. El tema principal es el dolor y la muerte. El tema secundario es la angustia de nuestra tan frágil credibilidad: el daño derivado de que la advertencia, señalada mucho antes de cumplirse el augurio (y sabemos bien que volverá a cumplirse), resulta esquivable. El inicio del problema es que no nos creen. Y eso contribuye a que seamos matables.

*

En la mitología de la Grecia Antigua, Casandra fue la hija del último rey de Troya, parida y amamantada por Hécuba, hermana del cadáver torturado de Héctor, cuñada involuntaria de Helena al ser hermana de Paris. A Casandra tocó el incómodo cometido de predecir la caída de Troya, pero nadie le creyó. Auguró los peligros de la llegada de Helena, esa belleza robada, en brazos de Paris, y nadie le creyó. Vaticinó las desgracias de aceptar obsequios de paz —caballos de Troya— de los enemigos, y nadie le creyó. Y Troya cayó.

*

Así es como se lo contaré a las futuras niñas de mi vida, a quienes les toque heredarlo: Les diré que durante un tiempo que podemos llamar siempre, supimos que el futuro era, casi con certeza absoluta, el desconsuelo reiterado de amanecer todos los días con la nueva noticia de una más, otra mujer más, violentada o asesinada. Un dolor tras otro. Y en cada ocasión, se había advertido que volvería a suceder. Y una, y otra, y otra, y otra vez se repetiría ese augurio. Dolorosamente confirmando a diario el peligro de habitar el mundo siendo mujeres. Tras confirmarse la maldición, tras llorarse la pérdida, la certeza regresaba al centro del estómago, en espera de la siguiente mala noticia. Instinto, le llaman. Tripa. Presiento que algo similar deben haber padecido las madres en la antigüedad, conforme se les moría una cría tras otra, en un mundo donde la mortandad infantil era impensablemente alta para nuestros estándares actuales. Mi bisabuela parió dieciséis veces... y se le murieron seis críos. La imagino albergando la sospecha de que, tras la muerte de cada bebé, era casi inevitable la certeza apanicada de saber que morirían otros. No te encariñes, decían. En el siglo xx el espectro oscuro de la mortandad infantil se logró domesticar, hasta cierto punto y en ciertas geografías. Quizás el tiempo pasará también para nuestro miedo actual. Ojalá le resulte absurdo a las mujeres del futuro pensar que nosotras vivíamos esperando la noticia del siguiente asesinato, la siguiente violación, la siguiente golpiza, el siguiente acoso. El sueño es que les parezca absurda nuestra experiencia actual a las mujeres del futuro.

*

Crecer, en gran parte, es el proceso de ir descubriendo los dolores de las que te rodean. Cada herida funciona de advertencia: A mí me pasó: cuídate de que te pase. A ella le pasó: cuídate de que te pase. Vivir es entrenarte (fútilmente, pues no hay forma de prever agresiones cuya detonación no controlamos) para responder ante la violencia que se viene, inevitable. Tratar de eludir esa violencia ocupa gran parte de nuestras vidas. Esa misión es agotadora.

*

Casandra aprendió a leer el futuro en la casa del dios Apolo. Una versión del mito cuenta que una serpiente le susurró al oído la lección de cómo ser profeta; otra versión cuenta que el don se lo obsequió el mismo Apolo, quien la deseaba y se lo regaló buscando seducirla. De donde haya venido el don, Casandra le dijo que «no» a Apolo. Eligió. Decidió que no quería compartirle su cuerpo. El dios, enfurecido por su rechazo, la condenó a mantener el don de predecir el futuro, pero agregando una maldición: sí, conocería el futuro, pero nadie habría de creerle.

*

A las futuras niñas les contaré algunas cosas más sobre vivir con esa certeza al centro de la tripa. Primero: la certeza casi nunca será creída. Segundo: a pesar de la certeza sabemos vivir con alegría. Tercera: la certeza crea la sensación de que no hubiera nada por hacer. Y sin embargo… aunque no se detenía esa ola de dolor y sangre, en la oscuridad y el hedor de ese daño, nos encontramos.

*

Casandra fue castigada por decir que no. Por no ceder ante la seducción del dios. ¿En qué momento el silencio se convirtió en la única forma de resistencia posible? ¿En qué momento el grito se volvió inaudible? ¿Quién construyó el silencio como sinónimo del «no»?

*

Les contaré a las niñas futuras que, a inicios de la segunda década del siglo XXI, en la repetición imparable de los asesinatos, violaciones e infamias, se fue construyendo una gran reunión de Casandras. Videntes, a las que nadie creía, un día ya muy cansadas se encontraron en el centro de un dolor compartido y escucharon sus voces y decidieron que habrían de creerse a ciegas entre sí —con todos los riesgos que eso conlleva, con todas las imperfecciones de ese proceder que habita fuera de las lógicas de la inocencia hasta comprobarse la culpa—. Sin embargo, para entonces resultó más potente la rabia que la tradición de una ley carcomida.

*

El 16 de agosto de 2019, en el marco de una serie de protestas detonadas por la noticia de la violación de una joven por parte de policías de la Ciudad de México, un cuantioso grupo de mujeres hicieron pintas sobre el Monumento a la Independencia, sobre Paseo de la Reforma, en la capital del país. La estatua de una victoria alada, que no es ángel, se eleva por encima de la columna central del monumento, y esa victoria no les pudo mirar desde lo alto, porque sus ojos están anclados sobre el horizonte del valle. Esa victoria no supo mirar hacia abajo, pero a su sombra, se desplegaron gritos enfurecidos que aterrizaron en tinta.

*

Sesenta y dos años antes de la rebelión de las Casandras, tras un temblor de 7.8 grados Richter, la victoria alada cayó al suelo y su cuerpo quebrado se desparramó en la base del monumento. Cada esquina de la base de la columna está presidida, a la fecha, por una diosa: La Paz, La Guerra, La Ley y La Justicia. En 1957, la cabeza de la diosa de la victoria, Nike, rodó por el suelo mientras su torso desmembrado quedó tirado entre La Guerra y La Paz. La escultura se reconstruyó y un año después, y volvió a elevarse la victoria alada sobre la ciudad. Pero el rostro roto de la primera Nike que se desplomara, no fue recuperado. Quedó roto. Se encuentra hoy en la entrada del Archivo Histórico de la Ciudad de México, sobre la calle de Chile.

*

Cuentan las leyendas urbanas que ese rostro roto, tan grecolatino, fue modelado por el artista Enrique Alciati a partir del rostro de una hija de Antonio Rivas Mercado, arquitecto favorito del porfiriato, quien construyera el Monumento a la Independencia. Ciertas fábulas indican que es el rostro de su hija mayor, Alicia, otras cuentan que es el rostro de su segunda hija, Antonieta, aunque las fechas vuelven difícil de sostener esa segunda versión. Otro mito, relacionado o sobrepuesto, afirma que Alicia es la joven representada de perfil en el medallón que decora la puerta de acceso al interior de la columna, donde un mausoleo resguardara los restos de los héroes patrios.

*

A Alicia se le conoce por ser hija de Antonio y ser hermana de Antonieta. Y a Antonieta se le conoce principalmente por haber sido amante de José Vasconcelos, vinculación que la condujo a suicidarse al interior de la catedral de Notre Dame, en París, en 1931. Se cuenta que fue por desamor. De un tiro en el corazón. Usando una pistola que perteneciera a Vasconcelos. Se cuenta que fue un desastre tener que reconsagrar la catedral tras cometerse semejante pecado en su interior. Pero mucho antes de ser el desamor de Vasconcelos, Antonieta era escritora, intelectual, mecenas y feminista. Fue pieza fundamental de la vida cultural mexicana de principios del siglo xx. Pero se le recuerda, por supuesto, principalmente por la manifestación física y terminal del dolor que le causara un hombre.

*

Ochenta y ocho años después de la muerte de Antonieta, un grupo de mujeres enfurecidas intervinieron con pintura en aerosol morada, verde, rosa, negra y roja la base del monumento que construyera su padre. El mármol blanco se tiñó, el metal quedó marcado y la grupa de un león metálico, plácidamente pastoreado por un querubín alado, terminó tatuado en rosa fosforescente con el signo de venus: ♀

*

Pañuelos verdes, diamantina rosa y volutas de humo morado.

*

Yo no soy quién para definir y diferenciar lo que es una protesta, una marcha, una manifestación y un disturbio. Pero sé bien lo que es una revuelta. La intervención sobre el Monumento de la Independencia no fue parte de una manifestación en el sentido estricto, no fue una protesta de peticiones ni pliegos petitorios. Gritar de rabia porque nos están matando no es un pliego petitorio. Aquello fue una revuelta. Un estallido de rabia que tenía que salir.

*

Las niñas del futuro habrán de crecer con la certeza de que las mujeres de su pasado alcanzaron el punto de hartazgo de una herida supurante. Un día esas Casandras se rebelaron, cansadas. Se enfrentaron a los miedos acumulados a lo largo de centurias, encarnados en su piel, alojados en la memoria y concentraron sus esperanzas para convertirse en cuerpos incómodos que se desplegarían una y otra vez en el espacio público, de modos que antes nunca se habían pensado posibles.

*

El 16 de agosto, el Ángel de la Independencia se convirtió en un oráculo invertido que le puso nombre al pasado que también fue presente y que por mucho tiempo todas las Casandras conocimos como futuro inevitable: México Feminicida. La pinta acurrucada en la placa de mármol al frente del monumento, por encima del león y el querubín, ahora dice: México Feminicida. Debajo de la pinta, el mensaje original de la placa dice en tipografía romana: La nación a los héroes de la independencia. Una dedicatoria.

*

¿Quién es la nación? ¿Quiénes son los héroes? ¿Quién compone la nación que se tornó feminicida? El Estado opresor es un macho violador, rezaría unos meses más tarde el performance *Un violador en tu camino* del colectivo chileno Las Tesis, y cientos de mujeres cantarían su ritmo gozoso (Y la culpa no era mía, ni dónde estaba ni cómo vestía) y acusatorio (El violador eres tú) frente al Palacio Nacional. Unas semanas después, en las marchas detonadas por el feminicidio de Ingrid Escamilla, quemarían la puerta principal de la entrada al palacio.

*

Un archivo mínimo de los mensajes escritos sobre el Ángel de la Independencia:
    La Patria mata
    Estado feminicida patrimonio nacional
    Autodefensa ya
    Viva que te quiero viva
    Ni una +
    Justicia
    No se va a caer lo vamos a tirar

Con nosotras no se juega
No + miedo
La policía viola
Violadores
No me cuidan me violan
Policía violadora
Tira violadora
Violador
Cerdos violadores
Violicía
Estado feminicida
Crimen de Estado
La Patria es asesina
Aborta al patriarcado
Verga violadora a la licuadora
México país feminicida
Todas las hembras son oprimidas
Muerte al macho
Nunca más
Ni una menos
Vivir sí
Sin clientes no hay trata
Estamos hartas
Ya no tenemos miedo
Pelea como niña ♀
En silencio no hay justicia
Por las que no volvieron
Nunca más tendrán la complicidad de nuestro silencio

*

Al pie de la estatua que representa La Paz, flanqueando la inscripción que nombra la figura, una mujer agregó dos signos de interrogación. El mensaje ahora reza: ¿PAZ?

*

En el marco de la puerta de entrada al mausoleo, un grupo de manos rosas arden en neón: son las huellas de la palma y los dedos de las mujeres hartas. Un rastro de la apropiación temporal del monumento; un vestigio construido a través del cuerpo rebelde; testimonio gestual, similar a las huellas de manos que aparecen en las cuevas como firma de las pinturas rupestres. Aquí estuvimos, dicen.

*

Tras los disturbios detonados por la rebelión de las Casandras, los noticieros se llenaron de voces escandalizadas acusando la destrucción del patrimonio. En respuesta, las mujeres salieron a decir que ojalá fuéramos paredes, para que la gente se indignara tanto cada vez que nos lastiman... Las voces más conservadoras creyeron que los más escandalizados serían los guardianes del patrimonio y protectores de los monumentos. Pero en respuesta a las pintas se hizo pública la postura de un colectivo de restauradoras llamado Restauradoras con Glitter. Desde su voz autorizada de expertas, pidieron no remover las pintas del monumento e incitaron a realizar un registro pormenorizado de los mensajes inscritos, dada su relevancia histórica y fuerza simbólica. Un fragmento del manifiesto que firmaran habla sobre las inscripciones y dice: «Sostenemos que su permanencia debe ser un recordatorio palpable de la condenable situación de violencia en nuestro país, y que por ende ninguna deberá ser removida hasta que no se atienda y dé solución al problema de la violencia de género en nuestro país... por su alta relevancia social, histórica y simbólica, las pintas deben ser documentadas minuciosamente por profesionales, con el objetivo de enfatizar y mantener viva la memoria colectiva sobre este acontecimiento y sus causas».

*

Hay detalles que se pierden porque los creemos simples al vivirlos; con el paso del tiempo se disipan. Debemos recordar la minucia fugaz: la convocatoria a la manifestación sugería el uso de diamantina de color morado. Se sugería vestir de negro. La seguridad de las manifestantes fue resguardada por el colectivo Marabunta, quienes protesta tras protesta, pondrían el cuerpo entre manifestantes y policía. El humo morado se volvió un símbolo gemelo del puño en alto. Nadie sabe muy bien cómo es que el 16 de agosto se pasó de una marcha que se pretendía pacífica a una marcha donde se instauró la acción directa como método. La rabia desbordada habría de continuar presente en todas las manifestaciones futuras que se detonaron con cada nueva violencia. El Estado, despavorido, se abocaría los siguientes meses a proteger piedras con figura de héroes y a envolver monumentos con plástico de emplayar y tablones de triplay.

*

Pero no todos los monumentos intervenidos albergaban héroes. Ese 16 de agosto, en la calle de Florencia, camino hacia el ángel, una estación de policía fue asediada por la rabia de las manifestantes. Escribir «violadores» sobre la fachada de una estación de policía es preciso en un país donde en el 2006, en Atenco, la policía fue comandada a torturar sexualmente a mujeres detenidas. Es precisa esa rabia en un país donde la gran mayoría de las mujeres detenidas por la policía sufren agresiones sexuales. Es precisa esa rabia en un país donde es absolutamente factible que un grupo de policías violen a una menor de edad camino a su casa.

*

Meses más tarde, en noviembre de 2019, en el Día Internacional de la Eliminación de la Violencia contra la Mujer, tocaría su turno de intervención al Hemiciclo a Juárez. En febrero de

2020, tocaría al periódico de nota roja *La Prensa*, tras la publicación en portada de fotografías explícitas del cadáver mutilado de Ingrid Escamilla, víctima de feminicidio por mano de su pareja. Finalmente, antes de que una pandemia cortara el ímpetu de las revueltas y detuviera al mundo por completo, una marcha monumental el 8 de marzo de 2020, para conmemorar el Día de la Mujer, estaría seguida de una huelga de mujeres donde la calle se vació de nosotras. El paro sería algo así como la *Lisístrata* de Aristófanes, aquella obra de teatro donde las mujeres se van a huelga (sexual en ese caso) para detener la guerra. Aquí la ausencia de mujeres en la calle, los trabajos y espacios públicos, intentaba visibilizar el costo de que desapareciéramos todas, intentaba también detener una guerra: la guerra contra nosotras.

*

Si fuéramos a compilar un listado de todos los mensajes inscritos sobre monumentos y mobiliario público urbano durante la rebelión de las Casandras, encontraríamos que, ante todo, las pintas eran un veredicto. En comparación, los mensajes escritos en pancartas eran principalmente dirigidos a nosotras mismas, reflexiones internas, meditaciones para las compañeras y transeúntes: mensajes para testigos. En cambio, las pintas sobre monumentos y mobiliario urbano —paradas de transporte público, muros, estatuas— casi siempre fueron acusatorias. Las pintas, de esta manera, funcionaron como un recurso que derrumba al monumento sin tirarlo.

*

¿Qué es un monumento?

*

Porque lo sabemos. Porque siempre lo hemos sabido. Porque nos hartamos de poseer la certeza del dolor repetido y nos hartamos de que no se nos escuchara y nos hartamos de que se nos tirara de locas, una, y otra, y otra, y otra, y otra vez... y nos dimos cuenta por fin de que, si para la ley no somos audibles, es posible escucharnos entre nosotras mismas.

*

Casandra fue violada al pie de un monumento. A Casandra nadie le hacía caso y la tomaban por loca y la encerraban en torres. Me pregunto, sin embargo, si vaticinó su propia violación. ¿O acaso se volvió indistinguible ese evento dentro de todos los augurios? La violación de la vidente a los pies de una estatua de Atenea, la diosa de la sapiencia, es el resumen perfecto de cómo incluso cuando podemos leer el futuro, hay veces que no podemos leer nuestro propio futuro. Siempre creemos que la violencia les sucederá a otras, no a nosotras, y cuando nos acorrala nuestra propia historia de terror, no podemos siquiera abrir la boca para enunciarla.

*

Sabemos. Siempre sabemos, porque hay advertencias. A veces callamos, a veces lo advertimos. Y, de todas formas, vuelve a pasar. Sabemos que va a pasar, sabemos que le va a terminar pegando, sabemos que la terminará matando... y no podemos intervenir para evitarlo. Pienso en la vez que ella me habló para decirme que había decidido huir de su casa, que había metido todas sus cosas y las de sus hijos en bolsas de basura, las había puesto en el bote en la banqueta, y en la madrugada se saldría mientras él estaba en el trabajo nocturno. Pienso en el momento donde ella se dio cuenta de que su esposo la drogaba... desde quién sabe hace cuánto tiempo. Pienso que todo ese tiempo, mientras ella estaba siendo drogada, muchos la creían desequilibrada, loca. Pienso en los muchos años que varias de nosotras intuimos —¿cuál es la diferencia entre intuir y saber?— que él era peligroso, que podía dañarla, que ya la dañaba, aunque parecía imposible irse. Pienso en esa otra ella que se salvó de que la mataran sólo porque huyó a casa de los vecinos. Pienso en otra ella cuya pareja la torturaba psicológicamente, humillándola en público año tras año. Pienso en la compañera de una de nosotras, que en el último año de secundaria no llegó aquel sábado, para completar el trabajo en equipo, y que apareció muerta en el parque de la cuadra esa tarde. Pienso en la sensación, cargada por décadas, de que ella pudo ser otra ella, otra de nosotras. Y pienso en cómo esa sensación se ha vuelto cotidiana, casi impensada. Pienso en la vez que yo me salvé por una decisión de un segundo, pero otras no se salvaron. Y pienso que, aunque no se salvaron de la garra de la violencia, vivieron. Y las celebro vivas. Y pienso en la valentía indómita de la continuidad de sus existencias y en que el refulgir de su felicidad es la mejor venganza que pueda existir.

*

Durante el saqueo de Troya Casandra fue violada por Ajax el Menor, mientras ella buscaba refugio en el altar del templo de Atenea. Fue vejada dentro del espacio de protección de la diosa de la sabiduría —además una diosa virgen, porque claro, las mujeres en conjunción con la sabiduría sólo pueden ser vírgenes o brujas o locas: cuando vírgenes, son diosas; y cuando brujas o locas, son exiliadas—. El improperio de una transgresión así tuvo consecuencias. La violación de Casandra detonó la furia profunda de Atenea, quien pidió ayuda a Poseidón para vengarse, y así fue como prácticamente toda la flota de barcos griegos naufragó tras sucumbir a una tormenta terrible en altamar, mientras intentaban regresar, vencedores, a casa. Si la base de la *Ilíada* es el rapto de Helena, sin la violación de Casandra, no existiría la *Odisea*.

*

Ser mujer es haber crecido con la certeza de que nuestro cuerpo alberga las condiciones de posibilidad de experimentar peligro potencial, siempre. Ser mujer es acostumbrarse a este estado de las cosas. Y a veces, ser mujer es hartarse de haberse acostumbrado. Sabemos que nos pueden matar, violar, golpear, abusar… nos hemos amoldado a esa realidad, haciendo todo lo necesario para no exponernos. Recuerdo tan claramente el espanto que vi en el rostro de mi madre cuando un día se dio cuenta de que sus hijas de menos de cinco años eran ya potenciales víctimas de violencia sexual. Recuerdo la certeza, durante mi infancia, de no poder confiar en los hombres.

*

El año 2019 cerró significativamente con el Segundo Encuentro de Mujeres que Luchan, llevado a cabo en territorio zapatista en diciembre. Cientos de mujeres narraron que nunca se habían sentido tan seguras como durante ese puñado de días, cuando su territorio estuvo habitado exclusivamente por mujeres.

*

Pienso en aquella a la que ayudé a mudarse para escapar de un esposo violento y entre cuyas pertenencias había un objeto por demás sintomático de nuestros tiempos: un marcador de libros con un violentómetro impreso. ¿En qué momento de este universo comenzamos a asignar unidades de medidas a las formas de la violencia contra las mujeres? Verde: te grita sin razón. Amarillo: te pega. Naranja: te golpea. Rojo: te mata. ¿En qué matiz de la gama de colores cálidos es que debe una decidirse a huir para poder vivir? Pareciera imposible lograr distinguir del todo; la ola de dolor y de fuerza que revienta sobre nuestros cuerpos a veces no avisa. Cuando lo que sabemos es que vivimos en una vulneración constante, ¿qué significa saber? ¿Cómo se prevé?

*

¿Podremos construirle un monumento a nuestro dolor? Tal vez un monumento inasible, poco concretizable y móvil: el de la red de afectos que se construye alrededor de nuestra vulnerabilidad. ¿Qué te sostiene cuando se pierde el andamiaje material del hogar que resguarda? La casa, el cuerpo, perdido, invadido, roto. La amistad, el cuidado mutuo, la sororidad entran a apuntalar el dolor. ¿Pero de qué hilos se sostiene esa fuerza? A veces me pregunto si estamos preparadas para curarnos entre todas las muchas heridas que hemos tenido que abrir para poder detonar este luchar. Pienso en la antimonumenta, esa escultura que no es monumento, erigido por mujeres para conmemorar a las que no han vuelto, que se alza frente al Palacio de Bellas Artes.

*

¿Cómo escribir la retrospectiva de un cambio? Podría decirse que 2019 fue un año fundamental para ser mujer en México. Escribir la historia de ese año es una tarea colectiva pendiente que tendrá que completarse. Desde el movimiento #metoo que explotó en abril del 2019, hasta la marcha del Día de la Mujer del 8 de marzo de 2020, pasando por la lucha de los colectivos de madres de víctimas de feminicidio y desaparición, la lucha a favor del aborto y los derechos sexuales, la lucha de las mujeres incluye, pero también desborda; los feminismos, con sus matices múltiples, han sido como la puesta en aire de una parvada infinita. La cuarta ola del feminismo, la han llamado algunas. La lucha de las mujeres, lo llaman otras. Esta última me gusta porque no la inscribe en un momento histórico particular, y aunque el 2019 fue un año clave, sin duda, y es crucial escribir su historia como tal, también es parte de una marea más amplia, que viene creciendo desde antes, desde honduras insondables, imposibles de distinguir con plenitud desde el presente.

*

La raíz profunda de nuestra rabia es un hartazgo que radica en el hecho de que, sin importar cuánto luchemos, cuánto batallemos, cuánto gritemos... mujeres seguirán siendo asesinadas, violentadas, violadas. Siempre tendremos que luchar en los dos frentes: uno es la lucha por la memoria de las que hemos perdido, la lucha por la justicia y la reparación y la batalla en contra de la impunidad. El otro frente es la batalla infranqueable para que deje de ocurrir toda esta muerte. ¿Habrá un momento en que nuestra lucha logre detener la muerte?

*

¿Cómo detenemos la muerte? ¿Acaso Casandra podría haber detenido la caída de Troya sólo por saber lo que contenía el caballo?

*

En las anotaciones al margen de un libro de biblioteca, leo las marcas en lápiz que dejara una lectora que me antecedió. Intuyo que es mujer, no sé muy bien por qué, pero lo sé. La primera página del libro está repleta de fragmentos, ideas, citas, extractos, referencias a números de página. Arriba a la izquierda: «Deseo de la verdad más potente que la muerte». Dentro de un círculo, la mano escribe: «La lunática: el fin de la tortura de la pretensión. La locura: característica asociada a las mujeres». En la esquina inferior de la página pone: «Mujeres asociadas a la locura: Ophelia, Lady Macbeth, etc.». Casi en el doblez de la página: «La locura es un mecanismo de protección para las mujeres, se utiliza para poder enunciar la verdad». La palabra verdad, subrayada. El libro anotado es *Casandra* de Christa Wolf.

*

¿La sabiduría de la tripa será locura? ¿Desde dónde hablamos? Históricamente, pareciera como si las mujeres hubiéramos tenido que hablar siempre desde la locura, desde la falta de razón, desde el desbordamiento, para poder ser escuchadas. Hemos tenido que volvernos poco razonables. No más enigmas, dice Casandra. Los crímenes antiguos de esta casa los conozco bien. Las sutilezas resquebrajan y por eso no tiramos sus monumentos, sino que los rayamos con nuestras palabras de modos poco razonables. Nuestras verdades llegaron así, por fin, al pie de sus monumentos anquilosados.

*

Los gestos, los sonidos: ese otro monumento. Uno que no habita en la palabra escrita. Este no será su archivo. Vive en todos los videos y audios enviados por celular desde las marchas. El ulululululular de las mujeres, por ejemplo. La primera vez que escuché ese sonido fue en la película *La batalla de Argel*, en aquella escena dentro de una prisión, donde las prisioneras políticas de Argelia emitían este sonido como de búho en duelo, como forma de protesta, de acompañamiento, mientras un colega era conducido al sitio de su ejecución. Zaghareet, le llaman a este grito. ¿Cómo escribir onomatopéicamente ese ulular que es casi un trino de ave, expresión de pena a la par que celebración, ese grito de guerra cuando lo emiten cientos de bocas al unísono?

*

Estamos adoloridas, adoloridas, dolidas, dolidas, dolidas, dolidas en duelo, duelo, duelo, duelo duelo duelo duelo duelo de dolor...

*

«Estoy harta, estoy harta», escribe Simone de Beauvoir en su cuento «Monólogo». Recuerdo haberlo leído de adolescente. Me impactó. Ese desplante de sinceridad me sirvió de ejemplo del potencial de la voz. «Monólogo» es el tercer cuento de la triada que forma el libro *La mujer rota*, donde también se dice: «Todas las mujeres se creen diferentes; todas piensan que ciertas cosas no pueden sucederles, y todas ellas se equivocan». El epígrafe del cuento es de Flaubert, y reza: «Ella se venga por el monólogo».

*

Recuerdo nítidamente el sentimiento de mareo que me causó esa repetición incesante: harta harta harta... Al leer esas letras sentí que mi oscuridad pertenecía a una estirpe. La sensación que me causa la repetición en «Monólogo» es similar a lo que me provocó enterarme de que la madre de una amiga mía, cuando se siente embargada por el desconsuelo de la vida, suele ir al bosque de Los Dinamos a gritar en soledad. Esa imagen de la mujer gritando en medio de los árboles, donde no hay nadie que puede escucharla... pero igual grita... me devasta tanto como me consuela. Pienso que quizás es la enunciación de un augurio resignado a no tener interlocutor ni escucha, pero que igual tiene que articularse. ¿Dónde gritar nuestro hartazgo si no hay bosque? Tendremos que plantar nuevos bosques donde gritar nuestra pena. Espero que en el futuro no tengamos que huir al bosque para aullar nuestro hartazgo... ¿Será que ese momento ya llegó? No. Vivimos en un mundo donde el presidente sale todavía en televisión a afirmar que el 90% de las denuncias de violencia contra mujeres son falsas.

*

¿Faltará mucho? ¿Cuanto tiempo falta? Las niñas del hoy, que serán las mujeres del futuro, preguntan ansiosas: ¿Falta mucho? En lo que llega el futuro donde ya no tendremos grito atorado, ni augurio en la tripa, ese futuro donde podamos narrar estas revueltas como nosotras hoy narramos a las sufragistas, mientras queda esa ardua labor de elaborar el recuento de los daños.

*

El 8 de marzo de 2020, desde la mañana, mucho antes del inicio de la marcha monumental para conmemorar el Día Internacional de la Mujer, el Zócalo de la Ciudad de México se comenzó a llenar de nombres. Alrededor del asta de la bandera se comenzaron a pintar los nombres de decenas de mujeres asesinadas en México desde el 2016. Así empezó el día, con algunas mujeres preparando la plaza principal de la ciudad, para recibir a otras mujeres caminantes: madres, hermanas, hijas, primas, amigas. A un lado del asta bandera se traza permanentemente un círculo metálico: fantasma de la primera columna del monumento a la independencia que se intentó construir ahí, sin éxito. Ahora sobre este círculo, que era el zócalo de la columna que nunca se hizo, se despliega el fantasma de otro monumento, uno atemporal, efímero: el trazo con pintura blanca de los nombres de las compañeras que no pudieron volver, una lista con cerca de 3,200 nombres. Se pintaron los que se pudieron antes de que, tras caer la noche —ya terminada la marcha, tras bailar alrededor de una fogata, tras prender velas y enunciarse palabras, tras izar una bandera negra en sustitución del pendón patrio— personal de limpieza del Estado borrara la monumentalidad legítima de esos nombres con la infinita eficiencia del Estado que no sabe escuchar.

*

Sus nombres sobre la plancha del zócalo. El trazo de su presencia tras ser borrados.

*

El palimpsesto de las marcas sobre los monumentos de nuestro país es amplio. Las capas de letras, si se volvieran visibles, serían gruesas. En los últimos días de febrero del año 2015, embargados por un dolor distinto—el de la desaparición forzada de 43 estudiantes en Guerrero—un grupo de manifestantes también grafitearon el Ángel de la Independencia. En esa ocasión, un periodista que cubría los trabajos de limpieza integró a su reportaje la reflexión de un arquitecto transeúnte que por casualidad pasaba por ahí. Mientras trabajadores de limpieza de la Ciudad de México arduamente diluían de entre la piedra, con estopa y solventes, las palabras «la justicia llegará cuando…», el experto circunstancial explicó que los solventes que utilizaban para la limpieza, en lugar de restaurar el monumento, lo dañaban, porque los solventes «están haciendo que el poro se abra y que estas pintas migren hacia adentro. Es decir, no están quitando realmente las pintas, realmente las están poniendo muchísimo más en el fondo. Está teniendo una migración todo lo que es el pigmento». ¿Tras décadas de revueltas con lata de aerosol en mano, cuántos mensajes yacen al interior de la materia de nuestros monumentos nacionales? Ojalá las marcas de todos nuestros dolores se guarden ahí dentro y que los monumentos se conviertan en un archivo íntimo que resguarde todo mensaje inscrito sobre su faz. Si las pintas encarnan nuestra rabia, ojalá que migren al corazón de todos los monumentos, hasta volver imborrable el augurio confirmado de nuestro hartazgo.

FRAGMENTOS DEL DIARIO DE UNA FEMINISTA

Lydia Cacho

Lydia Cacho (Ciudad de México, 1963) es reportera, feminista, defensora de derechos humanos, escritora y buena cocinera. Hace buceo de aguas profundas desde los diecisiete años y le gusta bailar. Ha escrito más de dieciséis libros, cientos de artículos y reportajes. Entre sus especialidades está la investigación de grupos de crimen organizado trasnacional, así como la documentación de la esclavitud de mujeres y niños. Ha cumplido ya tres décadas como periodista y ha hecho televisión y radio durante años mientras defendía la vida de otras y la suya. Intentó ser poeta, le gusta pintar y va a terapia para sanar el dolor compartido de su profesión. Se siente muy cómoda en su cuerpo y ha vivido un poco de todo: desde los mejores amores, viajes y aventuras, hasta tortura policíaca. La define lo que ella decide y no hechos aislados de su vida. Ahora hace documentales, cine y nunca dejará de escribir.

> No se pasa de lo posible a lo real
> sino de lo imposible a lo verdadero.
>
> María Zambrano

Desde los doce años escribo diarios. Apilados en mi biblioteca de mujer adulta se encuentran cuadernos de todos colores, tamaños y hechuras. Son el tiempo y la tinta de una historia bordada de preguntas y voces que jamás fueron indiferentes a la valentía colectiva de las mujeres del mundo.

En cada libreta hay un cosmos, un desastre, una esperanza o varias, una gran cantidad de preguntas; respuestas halladas en el camino, ecos de la voz de otras y otros. En ellas los miedos ocultos, los amores efímeros, mi visión tránsfuga del erotismo de una chica que sabe que su cuerpo le pertenece y es la gloria tener esa certeza entre los dedos y el clítoris.

En tinta negra y roja está escrita, subrayada, la rabia clandestina de una adolescente feminista que eligió la disidencia como camino. La vida pequeña y pasajera, el goce expuesto al descubrir el cuerpo y los años que pasan sobre la piel y sus placeres cada vez más profundos: el estallido de mi primer orgasmo múltiple inacabable a los diecinueve años, la sonrisa al escuchar el eco de mi voz franca que dejaba perplejos a los hijos del patriarcado, esos extraños hombres que reniegan de los tonos vocales como el mío —incluyendo a mi padre—.

Luego están los descubrimientos de los libros en la infancia, los cuentos llenos de advertencias: un Pinocho víctima de trata, una Caperucita secuestrada, una Bella vendida por su padre a un Bestia; una Cenicienta esclavizada por mujeres que, según el canon de la misoginia literaria, siempre son enemigas de otras mujeres. Supe que jamás querría ser como esos personajes de ficción; que en nosotras está la vida y no el peligro por salir al bosque o por indagar para descubrir el mundo. El verdadero peligro radica en la imposición ideológica e inalterable de los narradores. Poco a poco comprendí por qué esos cuentos infantiles me causaban rabia e indignación: nos educaban a través del miedo, de una visión adultocrática del mundo en la que debíamos obedecer por mandato y no a partir de la deliberación acompañada. No consideraban a las niñas —ni a los niños— seres capaces de reflexionar y discernir, de pedir ayuda y defenderse. No nos enseñaron a pedir ayuda.

Descubrí el miedo como uno de los mecanismo de sometimiento que los dueños de la palabra ejercen más a menudo; comprendí que la narrativa de las películas animadas, de los cuentos que nos contaron y nos siguen contando emerge desde la voz y la pluma de los patriarcas culturales. Ese miedo pequeñito que crece conforme evoluciona nuestro cuerpo y se mete en él irremediablemente, hasta que un mal día, descubrimos que la Bestia es el padre que vende a su hija, o que Pinocho no tenía madre y su padre era un hombre ausente e inmaduro que no supo protegerlo porque creyó que la paternidad era sólo dar vida a un muñeco, como un juego, desde el ego del creador fascinado consigo mismo. Descubrí que esa indignación intuitiva de mi niñez le daba cuerpo a mi posterior rebeldía cuando, de adolescente, comprendí a través de las historias de las pacientes que acudían a mi madre, que los policías, los jueces y los dueños del poder encarnaban a los personajes malos de los cuentos. Le rebatía a mi madre y más tarde a Luz, mi profesora de literatura en la secundaria, que entonces el problema radicaba en que las moralejas de los cuentos eran un engaño inmoral, que sembraban la semilla de la culpa en la niñez. Algo malo harás siempre para que el lobo y el zorro te roben las monedas que has ganado para llevarlas a tu padre el carpintero pobre; algo malo habrás hecho para no desear vivir y casarte cuando niña con un monstruo por el que deberás sentir compasión, algo malo habrás hecho por desear descubrir el bosque en libertad, porque sólo podrán salvarte un leñador fuerte que mata o unos enanos a quienes debes servir como una huérfana-madre-esclava.

Al leer a las mujeres sabias, a esas pocas que publicaban entonces, supe que nosotras somos el Verbo y el sustantivo, que el Universo vive en mí que soy las otras, que si la opresión no es resultado de una ley natural como la gravedad que nos mantiene en pie, entonces es un invento humano, la palabra cotidiana, aleccionadora, que intenta recordarnos desde niñas cuál debe ser nuestro lugar en el mundo: la sumisión como mandato, el ostracismo como resultado de la natural insumisión de quienes elegimos no jugar a las muñecas por resistencia natural a la obediente maternidad como destino manifiesto.

Dejé escrita en puño y letra la descripción precisa de un llanto que estalló en la infancia al descubrir la injusticia en las calles de mi ciudad, cuyas lacerantes esquirlas siguen aquí, enquistadas, para recordarme siempre que la batalla comienza cada día con una nueva niña que se manifiesta ante el mundo del amor y el odio, de la belleza y la desigualdad, de los estigmas y las normas como dentados e hirientes grilletes, fabricados como extensión del brazo opresor de un filósofo que se creyó Dios, y al que los herreros que fabrican grilletes adoran y citan textualmente desde el poder.

Yo me convertí
         de niña y sin saberlo del todo
                                en la herrera
     que funde cada grillete
que mi padre y otros niños, otros hombres
                              quisieron poner
a mi palabra rebelde, necia, sólida, aniñada y sabia
quería volar y aprendí
                  como las magas saben por saber
     que volaría.

En letras firmes encuentro un aliento roto, suspiro reprimido, una grieta en el corazón después de una tarde en la que el abuelo paterno murió en mis brazos, y conocí el aroma del último aliento de los hijos de la revolución que no nos dejó ni tierra ni libertad. Un poema implacable de aquella tarde en que adquirí la certeza, con la claridad de la arena desértica metida en mi boca seca, que nunca la violencia colonizaría mi espíritu. Mi abuelo el militar había muerto y las armas en su estudio seguían allí junto a su colección de soldaditos de plomo.

En un cuaderno hay diez versos de amor, algunas canciones que nadie ha cantado todavía, la descripción precisa de un corazón rebosante de emociones incontenibles, y a la vez, un hondo vacío en mi interior. Allí, niña rodeada de miles de mujeres en una manifestación, cuyos pasos retumbaron en el planeta entero en el 74, cuando las abuelas gritaban arriba de nuestras cabezas que hallarían a sus hijos e hijas y para ello irían hasta el último rincón del mundo; yo apretaba mi mano a la de mi madre para que jamás le hiciera falta buscarme. Recuerdo que miraba mis pequeños pies enfundados en los zapatos rojos favoritos para trepar árboles, y me preguntaba si con ellos podría ir al último rincón del mundo con las abuelas, me respondí que sí, que seguramente en el viaje hallaría a algún zapatero remendón que les pusiera nuevas suelas a los viejos zapatos.

Sobre ellos caminarán otras niñas cuando yo haya muerto.

Están las recetas de la abuela, el fragmento de una agenda que siempre olvido, un viaje de trabajo fascinante, una aventura de amor que perdió su nombre, las palabras sabias de la entrevista a una maestra de la sororidad, el número telefónico de una amiga que murió asesinada en Ciudad Juárez, el dibujo de un árbol desterrado que apuntillé una tarde en mi primer viaje en autobús por Guatemala. La hoja seca que pisé en un otoño portugués después de que murió mi abuela, que fue mi segunda madre.

Una libreta negra dentro de una libreta blanca. Una roja y, la más pequeña de todas, lleva un arcoíris que en su primera página escupe mi nombre y la fecha:Lydia Cacho Ribeiro 1974, once años.

Hay días en que la letra baila como el agua de un río libre, caudaloso, otros en que revela que la pluma y la mano que la llevó a narrar la jornada fueron invadidas por la melancolía y la cautela. A la siguiente son palabras arañas que corren tras hormigas en marabunta, revolución y fuego, verdad y serendipia. Palabras que han caminado con la historia, mi historia que es lava, volcán océano y valle, ansiedad placer amor temor incomprensible, necesidad de huir, urgente fuerza de saber volver; son brazos y sombras, cobijo y soledad, fortaleza vulnerabilidad descarnada y revolución en ciernes, revelación de ser niña, mujer, fuerza de la naturaleza, ansiedad absoluta de un cuerpo corazón que busca los brazos, la protección y los afectos inalterables, incondicionales que no existen, al menos no ese día en que escribí el nombre de mi soledad aguda y obsesiva de una niña que a ratos creía que había nacido en el planeta equivocado.

En cada libreta hay una historia.

Mi madre dijo que debía llevarlas conmigo porque, a veces, cuando te lanzas a esa extraña tarea de vivir arrebatando el coraje a cada día, llevando el corazón en la palma de la mano como quien lleva un colibrí herido que revive con cada mirada verdadera, debemos recordar nuestra historia.

Cuando sabemos que nacimos para dinamitar el silencio que opaca nuestras vidas, cuando pronunciar nuestros nombres juntas es una afrenta al poder, hay que contarlo todo. Olvidar no es opción, dijo mi abuela francesa, la que sobrevivió dos guerras y el exilio, porque nos borrarán de la historia nuevamente. Entonces mi abuelo que la escuchaba atentamente encuadernó un centenar de hojas de papel de lino cosidas a mano para que yo escribiese.

Recordar —dar vuelta al corazón según las raíces latinas de la palabra— que somos nosotras las que hemos llegado sobre los pasos de las abuelas, para terminar de una vez por todas esta guerra contra nuestros cuerpos, para beber el agua como leche materna cuando haga falta la fuerza de la congruencia de las raíces.

Escribir
               desde niña
  cuando joven
             adulta poderosa
  tras una historia
                        que quiere e s c a p a r
de mi memoria.
              No la dejaré huir
de esta aventura finita
        que es mi vida
algún día bajo un cielo que nos cobije en libertad
              otra niña, en otro rincón del mundo
tomará una libreta, escribirá su nombre
                  ya nadie dirá que es una afrenta
nacer mujer
            con voluntad apasionada
dueña de una sabiduría que jamás guardará silencio
              para ser amada por ser ella misma
con un cuerpo que le pertenece.
                    Escribo para ellas
    por la niña que fui.

El decir que toda mujer nace con un derecho inalienable a la igualdad de trato es una banalidad frente al sistema que admite las leyes y niega los derechos concretos, escribí en preparatoria.
Antes.
Soy una chica que camina por las calles de la Ciudad de México en sábado. Catorce años y la mirada aviesa alrededor, una distracción hacia las nubes que han formado el rostro perfecto de dos perritos que conmueve la mirada de la que es niña

todavía, sin importar la urgencia de crecer para gobernarse a sí misma. Basta ese instante menor, el descuido de caminar libre, para que el hombre que pasa en una bicicleta anunciando que afila cuchillos meta sus manos entre mis nalgas y me tumbe al suelo, para luego huir a toda velocidad. Escucho el eco de una incomprensible carcajada por la falsa bravura de un macho que se ha creído que los cuerpos de las niñas y las mujeres son una constante y placentera exhibición pública que puede tentar a su antojo.

Me levanto con las rodillas y una mano marcadas con líneas de sangre como la raspadura de un golpe de realidad inesperado. Sigo caminando. Intento comprender sin lograrlo, por qué un hombre considera siquiera meter la mano para tocar los genitales de una niña en *jeans* que miraba el cielo. Compro bombones bañados de chocolate barato en la tienda. De vuelta a casa del abuelo materno entiendo que ese hombre me ha tocado porque puede, y porque piensa que siempre volverá a hacerlo. El abuelo materno se indigna y me pregunta cómo me siento: no encuentro respuesta y él me la regala: *rabiosa e indignada, así debes estar frente a lo injusto*. Mi abuelo Zeca me dijo todo lo que mi padre jamás fue capaz siquiera de pensar o sentir, él me enseñó a mirar a los *otros* hombres. Habrían de pasar décadas hasta que, en mi vida adulta, mi padre comprendió y una buena tarde me abrazó para decir que estaba orgulloso de mi valentía, que le recordaba a la fuerza de mi madre. A mi padre lo educó un militar que creía que la vida era guerra y dolor, que por eso había que educar con lejanía y firmeza a las semillas de su estirpe, como madera que se talla al antojo del creador.

La primera conclusión escrita de niña: caminar mirando a todas partes, mi cuerpo es mío, me lo han dicho mi madre y mi abuela. Me pertenece y yo decido que en 1977 ya no estamos para soportar las manos invasoras de nuestro espacio personal, que no seré coaccionada para confesar una mentira, que si andaba de tal forma, que si tenía cadencia en mi andar, que si miré al cielo y eso está prohibido cuando una niña camina por la calle, porque dijo el tío paterno, como también dijeron el cura de su iglesia de nuestra Colonia Mixcoac y el presidente: que las calles son para los hombres y el hogar para las mujeres.

Tengo catorce años y he decidido no creerles a los adultos cuando argumentan persistentes que la culpa es nuestra por nacer mujeres, que ellos no saben lo que hacen. Mas yo sí entiendo que vaya que saben lo que hacen, que les gusta jugar a ser imbéciles, entonces busco en el diccionario la palabra imbécil.

A pesar de ello les ha cautivado la comodidad de fingir. No lo creas, dice mi mejor amigo en secundaria, los hombres somos bastante imbéciles. Al escucharlo, un trozo de mi corazón que le ama se desmorona y veo despeñarse a las migajas por mi pie izquierdo.

Escribo en el cuaderno que mi estómago se retuerce por el disgusto de la mentira. Sé que es una simulación y no tengo las palabras aún para debatir sobre ello. La inteligencia como el camino femenino de la virtud, la imbecilidad como el libre albedrío de lo masculino. No... me resisto, desespero mientras construyo aún débiles argumentos; mis puños se endurecen en busca de un muro para derribar. No lo encuentro, mis manos son demasiado pequeñas, intentarlo me haría más daño a mí que nadie. Habría de aprender los mecanismos de la ira, hija de la injusticia, contenerla siembra neblina que opaca el pensamiento, desatarla a destiempo es látigo que vuelve y me fustiga. Debo tener la mente clara, escribo: la mente clara, porque ellos nos quieren rabiosas, al grado de que el cerebro desactive su enfoque racional. Los libros de psicología de mi madre estaban a mi alcance y yo buscaba en ellos respuestas a todas mis preguntas.

Argumentos, quiero argumentos para esta digna rabia desatada por lo injustificable.

En casa el diccionario no me ayuda, nada en la enciclopedia ilustrada alivia mis dudas. Qué argumentos puedo blandir frente a su estafa lingüística. Vaya... descubro que el diccionario Larousse ilustrado miente porque lo escribieron ellos, miente como mi tío y sus amigos que juegan dominó y beben cerveza, mientras fuman y ven las piernas de mi madre cuando ella explica, con brillante análisis, porqué el presidente Echeverría es un corrupto conservador cristiano que se hace pasar por socialdemócrata.

Una tía borda y dice algo inteligente, otra, la esposa del militar de mayor rango en la familia sirve café y argumenta que se pierde el tiempo hablando de política entre mujeres. Mi madre sonríe, pero sigue hablando de política y de la fuerza de las mujeres, la miro con un orgullo secreto que me llena el pecho de golondrinas y avispas.

Observo a las tías y descubro que ellas se parecen a los tíos que dicen que las calles son para los hombres, porque ellas son su sombra, ese oscuro reflejo masculino que ellos pisan cada día. Le digo esto a mi madre el lunes al volver del colegio, segura de que he descubierto la metáfora encarnada del machismo. Mi madre sonríe y me pide que me siente a su lado, escucha atentamente. Rebate con astucia, me pide que me pregunte qué es el desprecio, qué el odio y qué es para mí el amor.

Qué irritante es mi madre, escribo en mi diario, siempre pregunta sobre pregunta, inagotable exigencia para que desentierre el fondo de mi soberbia adolescente, que me atreva, me arriesgue a pensar en una nueva pregunta, moverme de lugar, ir a la otra esquina y mirar de nuevo a esas mujeres y esos hombres que encuentro indulgentes y traidores a mis derechos, y a los derechos de las otras niñas que, como yo, se preguntan si volverán a caminar seguras por las calles para descubrir sin temor alguno aquellas nubes como animalitos, sin miedo a que un hombre las arrastre al cemento para sentirse vivo, dueño de la calle y sus cuerpos.

Escribo
    y dibujo
        las nubes
   para no olvidarlas
      porque son mi paisaje de vuelta a la libertad
de andar por las arterias de mi país
     sin miedo a una mano

                                  que llega sin permiso
a mi cuerpo de niña.

Han pasado meses. Mi personalidad obsesiva y exigente no cede un ápice en la discusión pendiente. Después de todo ella es la adulta, ella es la maestra, la psicóloga, la que ha prometido enseñarme el mapa y entregarme la brújula para trazar mi ruta personal. En su cuerpo, como un acto de magia me transformé en una criatura viva, alguna sabiduría habrá de tener la que me hizo a su imagen y semejanza, la mujer que me dijo que a las hijas se les educa para que sean libres y rebeldes, para que sean personas auténticas y valientes en un mundo tuerto por la desigualdad. También insistía en el amor, en aprender a amar. Lo que tantos años creí que era cursilería, habría de volver como alivio en mis días más grises en medio de la guerra.

    Mi madre es una loca perdida, escribo en mi diario a los dieciséis. Cómo aprenderé a amar desde la igualdad en un mundo que espera de mí lo que no tengo. Mi madre y su insoportable noción del amor.

    Pasarían años para entender que hablaba de amor propio, de amarme incondicionalmente, de amar a mis amistades con profundidad verdadera, más allá de las formas de los cuerpos y los tonos de piel, porque amar es un acto de rebeldía en un mundo que nos educa para contener las pasiones y manipular los sentimientos.

    Soy a ratos insoportable, implacable, terca; quiero verdades como ríos cristalinos, certezas como abrazos, derechos intransferibles. Discuto en el colegio, rebato al profesor, me grita, le grito de vuelta, me saca del salón de clases, le digo que él debe ir a la dirección también. El Colegio Madrid es una escuela de intelectuales republicanos exiliados de España; si me hablan de igualdad de trato y de revolución, el profesor no tiene derecho a gritar. El director, que es un poeta anciano, me da la razón y me manda al patio a jugar para que reflexione sobre mi fortaleza.

Volver a casa era encontrarme con mis dos hermanas y mis tres hermanos. Vaya si mi madre era feminista con seis criaturas paridas, juzgaba yo. Tu padre quería doce, decía sonriente, negociamos y mira qué buena tribu hemos creado.

Estás educándoles para la desobediencia, serán unas inadaptadas, decía mi padre. Más les vale que lo sean, respondía ella, este país necesita más desobedientes. Mi padre la miraba casi con la misma medida de amor que de incomprensión. Supongo que por eso le gustaban otras mujeres sumisas a la mexicana para pasar el rato, y la esposa francesa, liberal, trabajadora y feminista, para sentirse orgulloso de haber enamorado a una mujer sabia. Algo bueno habría en él para que ella le amase tanto.

No encuentro sino más preguntas, me duele la cabeza, le digo a mi madre. Es por el ejercicio de pensar y pensar, responde. Te dolerá más si el enojo toma el lugar de la reflexión.

Eres insoportable, de verdad: ¿por qué no nací en una familia normal?

Ella se ríe, seguramente dolida por mi rabiosa franqueza adolescente, sonríe porque me ama y sabe que su trabajo es enseñarme a entender la diferencia entre lo que pienso y lo que siento, descubrir el paisaje de mis anhelos, construir las nociones precisas de mis ideales; hacerme de herramientas no de armaduras.

No lo entiendo, aún no estoy preparada para eso, quiero la guerra, quiero que esos hombres que se hacen pasar por imbéciles entiendan que he descubierto su secreto. Cuando alguien admite que es imbécil, me dijo mi abuelo materno un día en el rancho, ten cuidado, es porque cree que quien le escucha es doblemente imbécil.

Es el acertijo del machismo.

Yo recogía claveles que él sembraba, él me recitaba a Pessoa en portugués, me hablaba de la guerra, del exilio, de cómo duele el hambre en los huesos, de la peste en que murieron todos sus hermanos que nacieron antes que él en Oporto.

La revolución jamás termina, decía mi abuelo, habrá que hacerla sin armas porque con ellas ya vimos que no funciona.

Como ya dije, yo tenía claveles en las manos; los miré y escribí un texto pletórico de cursilerías sobre los claveles rojos y los blancos, también escribí una frase que dice que las armas lo matan todo, incluso la esperanza.

Yo tenía trece años
          descubrí que las guerras y el hambre
duelen en los huesos
          habría que imaginar
un mundo
          distinto
          porque la guerra siembra más sangre que libertad.

¿Qué es el amor sin libertad? Repite mi madre y me voy a encerrar a mi habitación, harta de no entender, añorando ser mayor para responder con esa energética y siempre genial inteligencia de Paulette, la mujer que me cargó en su entraña.

Escribo la pregunta en una sola página
¿Qué es el amor para mí?
¿La libertad?

No para los otros, no el amor de los libros ni del romanticismo clásico; dime a qué sabe y qué colores tiene el amor que deseas, ese que sientes cuando miras a quien te gusta, el que sueñas a escondidas entre las sábanas, el que te arrebata el aliento cuando cantas las canciones de Violeta Parra, de Janis Joplin, Jimi Hendrix o Joni Mitchell. No el amor romántico de las novelas rusas en que las chicas siempre están enfermas y mueren de tuberculosis, o se van en un tren llenas de angustia, incomprendidas por sus maestros o amantes.

Nuevamente me encierro a escribir.

Quiero
                        que alguien me ame.
            Tengo dieciséis años
quiero abrazarlo y que me abrace
                hablar con él del mundo y sus misterios
    construir un universo secreto
que me ame como soy
que no crea que yo le pertenezco
          que no le haga falta para sentirse entero
que me ame así
    flaca, lista, buena, inteligente, fuerte, insegura, ansiosa
carente de lo que dicen que es la belleza

Vuelvo a la escuela, mis amigos hablan de futbol, yo llevo el libro de Masters y Johnson sobre sexualidad humana. Lo he robado del consultorio de mi madre. Reunidos en un rincón del campo de deportes, les explico lo que ella nos ha dicho cien veces sobre el cuerpo, el deseo y el erotismo. Un destello de ternura se adueña de mí. En verdad son ignorantes. No saben nada, el erotismo no es una palabra que tenga sentido en lo que guardan entre sus sienes; les observo y escucho su risa nerviosa, oteo sus penes erectos bajo el pantalón de mezclilla, escucho sus preguntas de niños pequeños. Son de mi edad, van de galanes de secundaria e ignoran todo sobre su cuerpo y el nuestro.

Olvídate de que entiendan nuestras ideas, me digo en silencio. La compasión, de nuevo, se adueña de mí. No me gusta sentir compasión por los ignorantes que tienen derechos, libertad y acceso a la educación. Quiero sentirme indignada, no puedo: ¡qué rabia!

Vuelvo a con mi madre y le explico mi aventura como improvisada profesora de sexualidad humana. Ella sonríe orgullosa. Me inquieta que el chico que más me gusta, el más inteligente, de mirada profunda y labios suaves, nunca logre escucharme en verdad, que quiera besarme como yo deseo besarlo, pero no quiera conocerme igual que yo añoro descubrirle. Él quiere un cuerpo, yo quiero descubrir a un ser humano. Lo comprendo y me deprimo; a esa edad la depresión es normal, dice mi madre, siempre y cuando seas capaz de nombrar sus razones y motivos.

¡Allí está tu respuesta! Dice mi madre, como si yo fuese la capitana de un barco y ella la que grita que hemos descubierto un nuevo continente, como marinera subida a lo alto de la cofa del mástil.

Mi azoro no me permite nada más que escucharla. Si para que te amen escondes tu verdadera personalidad, serás como tus tías que hablan como sombras de sus parejas.

Si aprendes quién eres y qué cosas nunca serán negociables en el amor, entenderás tu congruencia. Sí, será doloroso, tendrás que ser más valiente de lo que yo jamás fui, me dice con la profunda seriedad de la confesión más dolorosa.

Esa noche fui incapaz de dormir.

Entonces todo se trataba de entender si estaba dispuesta a aceptar que me arrastrasen una y otra vez por el pavimento para tocarme a su antojo, o si definitivamente estaba convencida de que habría que dar las batallas necesarias para que, cuando me tocasen, fuese siempre quien yo quisiera, que decidiéramos juntos cómo descubrir el deseo y el amor o sólo el deseo y el afecto erotizado. Lo más lógico, entonces, fue preguntarle a mi madre cuándo había ella descubierto ese maravilloso secreto de su voluntad para un amor en igualdad.

Ayer
                hablando contigo.
                              Respondió.
El silencio se adueñó de mí como abrazo de plomo.
                            la admiré con infinita ternura.

La teoría no siempre llega a la acción, escribí, se queda en hipótesis. La inteligencia nos engaña a veces. Somos mejores para aconsejar que para educarnos a nosotras mismas.

Qué duro es esto de haber nacido.

Dibujé entonces una mano de mujer que sostiene un mundo que contiene una lágrima. Mi hermana pequeña —que es una sabia— lo miró desde su cama: qué dramática eres, hermanita, dijo antes de darse la media vuelta para dormir.

Así que para entender cómo vivir en igualdad, debo descubrir cómo amar sin ceder mis derechos y virtudes.

No quiero quedarme sola
          ni estar con un chico que asegura ser imbécil
  ojalá me gustaran las chicas para el amor...
¿qué quiero, qué necesito?
          ¿qué significa la soledad?

Aborrezco a mi madre. He sido contagiada por su manía de preguntar hasta el cansancio, escribí de nuevo.

Habrían de pasar varios años y amores fugaces. Elegí bien, un aspirante a músico sensible y bueno. Gané la primera ronda, le pregunté en su momento si se consideraba inteligente o imbécil, respondió de inmediato que lo primero, suspiré y, atada por los nervios en el pecho y el deseo en el vientre lo besé en la boca.

Estaba decidida: jamás amaría a un imbécil.

La vida me iba a dar un par de bofetadas por mi soberbia, pero yo no lo sabía, era una chica inmadura en busca de sentido para construir la vida de una mujer feminista.

Con los años aprendí a superarlo todo menos mi congruencia. Elegí amantes exquisitos, amores verdaderos. Algunos, por su parte después de años de gozo, eligieron su futuro en otro sitio más cómodo, con menos preguntas y pocas convicciones. Aprendí poco a poco a transformar la rabia de la que hablaban mis abuelos en música y poesía, en argumentos sólidos y verdades irrefutables. Aprendí a amarme y a gozar mi propia presencia, sola y acompañada, a respetar mi vulnerabilidad y mis inseguridades, que son muchas.

Comprendí el secreto.

Antes de morir, mi madre me pidió que nunca dejase que mi corazón perdiera el fuego con el que había nacido, que no renunciara a la ternura, que cuidara mi piel porque habría de ser herida muchas veces más antes de ganar las guerras acompañando a las niñas que vendrían detrás de mí, cargadas de libretas, de batallas y elecciones personales para romper los estigmas y las normas que mi generación no supo mirar.

Endurecerte te debilita, insistía ya casi agonizante, entrégate a la vida que sólo desde ella recuperarás el poder una y otra vez. Los patriarcas caerán a golpes de inteligencia y bravura, cuando sus argumentos los hagan mirarse al espejo y decirse a sí mismos: somos imbéciles destruyendo el mundo. Mientras tanto, la tribu de mujeres que ya has conformado, las tribus a las que te has unido con los años repetirán cantando frente al espejo «somos poderosas y juntas señalaremos a los cobardes y asesinos».

Mi madre murió en mis brazos igual que mi abuelo, su padre. La bañé en su cama, acompañada de mi hermana pequeña, la peiné antes de que llegaran por ella, antes de que mi padre se atreviera a verla. Al mirarla supe que había elegido una vida propia con todas sus consecuencias. Anudé mi mano a la suya por unos minutos, como la niña que no quiere perderse de los ojos de su madre para que no la tenga que buscar entre las fosas o bajo el mar. Ella conocía bien el mundo al que habríamos de enfrentarnos las feministas, por eso siempre me habló de amor. Porque sabía que, del dolor, habríamos de aprender suficiente en las calles y enfrentando al poder.

Estaba preparada para su muerte, lo hablamos muchas veces con la osadía y franqueza de mujeres inteligentes. Pero nunca estuve preparada para la orfandad. Fue entonces, después de que en su funeral cantaran sus alumnas, de que pasaran un centenar de amigas y otro centenar de pacientes de todas las razas y clases sociales, que entendí que el feminismo es legado, que no nos pertenece más que para vivirlo y nombrarlo, que nadie puede o debe apropiarse de él para definir a otras, que cada una precisa de su momento, y de la certeza que te da la cercanía de una mujer que sabe que construir el patriarcado tomó siglos de odiseas, órdenes y discursos, de historias y libros, de mala educación y preceptos culturales; por ese simple y sencillo hecho, nos ha tomado siglos derrumbarlo, a punta de digna rabia, aprendiendo a argumentar con el alma intacta, con los brazos abiertos, con el corazón batiente y arrobado de ternura; porque sabemos, todas los sabemos, incluso las que han sido sombras derramadas bajo los pies de sus hombres, que podemos volar y que será nuestra voz, la palabra rebelde, la que habrá de llamar a la tribu para que el mundo entero se rebele sin levantar un solo fusil, porque es cierto, las guerras también matan la esperanza, por eso de todas las guerras las mujeres hemos salido más cansadas de la triple jornada que implica salvar al mundo de la violencia que propaga el patriarcado como falsa herramienta de transformación.

Nuestro secreto verdadero está en la voz clara
    en la palabra
        en este libro que en tus manos es más que un objeto
    es el espejo de tus anhelos y nuestras verdades
        es la libertad
                de las abuelas que nunca
    escribieron su historia.

En cada libreta hay un cosmos, un desastre, una esperanza o varias, una gran cantidad de preguntas, respuestas halladas en el camino, ecos de la voz de otras; en ellas los miedos ocultos, los amores fugaces, la rabia clandestina de una adolescente feminista que eligió la disidencia como camino. La vida pequeña y pasajera, el goce expuesto al descubrir tu cuerpo y sus placeres, el estallido de tu primer múltiple orgasmo inacabable... el Universo en ti que eres las otras, bisabuelas, ancianas, brujas, artistas, sanadoras, ellas que también somos nosotras y nuestra soberanía. Hemos descubierto que en el feminismo hay un *todas* que es poder inagotable, marabunta que provocará el derrumbe de ese dolor colectivo que han intentado borrar de la historia. Escribe, pues, que algún día tus palabras serán la mano que una niña buscará para saberse viva, valiente y poderosa.

FEMINISMO SIN CUARTO PROPIO

Dahlia de la Cerda

Dahlia de la Cerda (Aguascalientes, 1985) estudió la licenciatura en Filosofía. En 2009 ganó el certamen literario «Letras de la Memoria» convocado por el Centro Cultural Los Arquitos. Fue becaria del Programa de Estímulo a la Creación y al Desarrollo Artístico de Aguascalientes (pecda) en la emisión 2015-2016 con un proyecto titulado «Nuestras Muertas Tienen Nombre». Fue beneficiaria del Programa Jóvenes Creadores del fonca en las emisiones 2016 y 2018. Ganadora del Premio Nacional de Cuento Joven Comala 2019. Tiene publicado el libro *Perras de reserva* con la Editorial Tierra Adentro. Es codirectora de la colectiva feminista Morras Help Morras.

Me falta imaginación dices.
No. Me falta el lenguaje.
El lenguaje para clarificar
mi resistencia a las letradas
Las palabras son una guerra para mí
amenazan a mi familia
Para ganar la palabra
para describir la pérdida
tomo el riesgo de perderlo todo.
Cherrie Moraga

Los padres blancos nos dijeron «pienso luego existo». La madre negra que todas llevamos dentro, la poeta, nos susurra en sueños: Siento, luego puede ser libre
Audre Lorde

Introducción

Escribo para las que no tienen cuarto propio. Para las que escriben con la cría pegada en la chiche y para las que no escriben porque tienen a la cría pegada a la chiche. Escribo para las que teorizan mientras lavan los trastes. Para las que teorizan mientras lavan la ropa. Para las que teorizan mientras venden tamales en un barrio precarizado. Porque pensar en lo injusto que es el modelo económico mientras vendes de chile y de verde, también es teorizar. Escribo para las que perrean sucio y hasta abajo. Escribo para las que riman en su lengua materna en protesta a la imposición del español. Escribo para las que no leen a señores blancos que quieren explicar el mundo sin haberse ensuciado los zapatos. Escribo para las que abortaron mientras trabajaban doce horas en una tienda de zapatos. Para las que abortaron a espaldas del Estado y de su papá cristiano y de su esposo pro-vida.

Escribo para las que dicen haiga. Escribo para las que agregan nos al final de todos los verbos. Íbanos y veníanos. Escribo, sobre todo, para las que no quieren ni hablar ni escribir el español como lo indica la real academia de la lengua.

Escribo para las que no tienen cuarto propio. Para las que tienen la libreta y la pluma sobre la mesa de la cocina porque mientras molcajetean la salsa se les vienen las ideas más brillantes. Escribo para las que escriben con faltas de ortografía y para las que aprendieron a rimar escuchando a raperos callejeros. Para las que se olvidaron del cuarto propio porque tenían que trabajar para los hijos y para los padres y para la vida. Escribo para las que escribir es una cuarta o quinta jornada laboral, pero se la rifan porque las palabras son un acto político, el acto político de las desposeídas.

Este texto lo escribí sin cuarto propio. Lo escribí en los tiempos muertos de mi trabajo de oficina y mientras se completaba el ciclo de la lavadora. Lo escribí en la cocina de mi casa y en las escaleras de mi patio. Lo escribí sentada en la taza del baño y lo escribí mientras las lágrimas no dejaban de salir y escribía porque el psiquiatra me dijo que golpear gente no era una buena forma de sacar mi rabia. Lo escribí sentada en el tianguis donde trabajé por años vendiendo ropa de segunda para llegar a fin de mes. Lo escribí, también, en la ruta 2 rumbo al centro de salud mental.

Si este ensayo tuviera olor, olería a jabón Zote y Pinol. Si tuviera sabor, sabría a jitomate y cebolla y chile de árbol y nopales asados. Si tuviera sonido sonaría el chaca-chacha-chaca de la lavadora y Los Acosta de fondo. Lo escribí sin cuarto propio y entre cuartilla y cuartilla me daba mis tiempos para bailar las de Winsin y Yandel. Las de Ivy Queen y las de Tego Calderón. Esto no es anecdótico. Es político.

Para las que emergen de los zulos

En 2015 conocí a Itziar Ziga. Itziar en ese momento era mi escritora feminista favorita. Su libro *Devenir perra* cambió mi postura sobre el feminismo. Se lo dije. Mientras me firmaba el libro *Un zulo propio* le conté que *Devenir perra* fue el libro que me llevó a asumirme como feminista. Se paró y me abrazó. Fue un momento muy emotivo. Luego vino la epifanía. Me escribió como dedicatoria: «Para las que emergen de los zulos».

Virginia Woolf decía que para que una mujer escriba es necesario un «cuarto propio», un espacio que signifique independencia y autonomía. Desde Woolf la figura del cuarto propio ha sido un tema recurrente en la trama de la teorización feminista. El cuarto propio es el lugar deseable y la aspiración de toda escritora que sostiene la causa. El cuarto propio es la meta porque significa no sólo que puedes escribir, sino que lograste emanciparte lo suficiente para conseguir un lugar desde donde escribir. El cuarto propio es el lugar desde donde se escribe. Es tiempo. Es dinero. Son privilegios de clase y raza y epistémicos. Y es, también, un consenso general que toda escritora que quiere tener una obra fructífera debe hacerse de uno.

El cuarto propio era incuestionable hasta que llegó la escritora chicana Gloria Anzaldúa y puso los puntos sobre las íes:

> Olvídate del «cuarto propio». Escribe en la cocina, enciérrate en el baño. Escribe en el autobús o mientras haces filas en el departamento de Beneficio social, o en el trabajo durante la comida, entre dormir y estar despierta. Yo escribo hasta sentada en el escusado. No hay tiempos extendidos con la máquina de escribir a menos de que seas rica, o que tengas un patrocinador (puede ser que ni tengas una máquina de escribir). Mientras lavas los pisos o la ropa escucha las palabras cantando en tu cuerpo. Cuando estés deprimida, enojada,

herida, cuando la compasión y el amor te posea. Cuando no puedas hacer nada más que escribir.

Un zulo, según Wikipedia, es un agujero o un escondite o un recinto clandestino. Un zulo es algo que no es un cuarto propio. Un cuarto propio no tiene por qué ser una habitación exclusiva para que una mujer escriba. Un cuarto propio también son los privilegios que ayudan a que la mujer escriba. Una jornada laboral de menos de ocho horas es un cuarto propio. Dinero y tiempo para ir a un café a escribir, es un cuarto propio. Silencio en casa es un cuarto propio. Una mesa y una computadora, es un cuarto propio. No compartir la vivienda con diez personas, es un cuarto propio. Tener quién te cuide a las crías para arrastrar la pluma, es un cuarto propio.

El zulo es la antítesis del cuarto propio. Un zulo es la banca de un parque. Es la computadora prestada. Es la taza del baño y es la azotea de la casa. Un zulo es el lugar desde donde escriben las desposeídas. Las que tienen cuatro jornadas laborales. Las que no tienen quién arrulle a la cría para que ellas arrastren el lápiz. El zulo son las alcantarillas y los bordes.

Desde luego que Ziga no sabía que yo quiero ser escritora ni que escribo. Pero vio en mi mirada la rabia que tenemos las que viven en las alcantarillas. A ese reconocimiento entre criaturas marginadas la feminista chicana Chela Sandoval lo llama metodología de las oprimidas y la poeta negra Audre Lorde, el mirar profundo. Es la capacidad de reconocer en las otras y otros la marca de la marginación y la marca de la resistencia. Entonces supo que yo era una habitante de un zulo y que iba emerger desde ahí.

Y yo sí sé lo que quiero. Quiero ser escritora. Pero no cualquier tipo de escritora. No quiero ser la escritora que escribe contemplando la calamidad desde un café en una colonia llena de árboles y calles como de postal, pero sin que el horror la toque porque lo contempla a través de la nota roja. No quiero ser la escritora que se va al extranjero a especializarse en literatura creativa y escribe novelas con estructuras perfectas. No quiero ser la escritora elogiada por la crítica porque blanquea a los personajes marginados. No quiero escribir sobre putas que son ávidas lectoras ni sobre drogadictas que se drogan en ceremonias de ayahuasca. No creo tampoco que esté mal especializarse en literatura creativa ni escribir desde un estudio en una colonia de clase media alta. Hay mil caminos, pero ese no es el mío. Mi camino es el borde del abismo. Mi casa son los zulos. Emergí de un zulo y mi compromiso político es escribir desde y para mi lugar de ebullición.

Mi mamá creció en una comunidad de tres mil habitantes en la sierra de Jalisco. Allá donde no hay pavimento y los techos de las casas son de teja, donde las señoras se encariñan con los puercos destinados a ser sacrificados para las fiestas de mayo y los cuidan como hijos y que se chingue el guateque. Donde todos se conocen y todos saben la vida y señales de todo mundo y con la misma severidad que se juzgan se ayudan en tiempos difíciles. Lo más cercano que encontró mi mamá a la comunidad fueron los barrios, entonces crecí en barrios populares. Crecí entre paredes sucias y danzantes y murales de la virgen de Guadalupe en cada esquina. Vi de primera mano la violencia y la desigualdad y la marginación. Y, como dice Cancerbero, el barrio no pasó en vano.

Mi jefa tiene muy arraigada la creencia de que una puede escalar en la jerarquía social chingándole machín. Progreso. Dinero. Progreso. Dinero. Dinero. Y una señal de progreso era inscribirme a colegios de monjas que en aquel entonces eran símbolo de estatus. Como tengo lo que se conoce en los estudios raciales como «pasar por blanca», que no significa otra cosa que no ser una persona racializada, es decir, indígena o afrodescendiente o asiática, mi mamá pensó que ya tenía la mitad de la vida social escolar resuelta. Pero se equivocó. Mi código postal era motivo suficiente para vivir toda clase de discriminación clasista. Yo no fui la niña a la que los niños le jalan el pelo para llamar su atención, los niños no se escondían debajo de la escalera para ver mis calzones ni me subían la falda, en la primera infancia no conocí la violencia a través de la discriminación sexista ni de la violencia de género. Yo era la niña a la que llamaban gata, naca, corriente, qué haces en mi colegio si eres pobre. Mi primera otredad fue la naquitud y no la mujeritud.

Desde que somos muy pequeñas, de hecho hay teóricas feministas que afirman que desde que el médico dice «es una niña», las mujeres (de ciertos contextos) somos adoctrinadas con toda una serie de estereotipos acartonados y expectativas de lo que debe ser una mujercita. Libros recientes como *Valientes e imperfectas* y *Rabia somos todas* abordan el tema de cómo la socialización «femenina» del ser recataditamesuraditaperfectalimpia princesa dulce afecta en el desarrollo psicosocial. Y cómo las mujeres que se salen del molde de la dulce princesa son patologizadas o llamadas mandonasiracundastiranas y malas. Este debate no es nuevo en el feminismo. Simone de Beauvoir en *El segundo sexo* hizo un extenso análisis de las diferencias en la crianza que se da a una hembra humana y a un macho humano y cómo eso influye en el desarrollo de la personalidad, el habitar el mundo y en cómo el mundo te trata. Aunque estos análisis son originados en el feminismo blanco y relatan la experiencia de las mujeres/niñas blancas, que pasan por blancas o que están en procesos de blanqueamiento, sí definen la socialización de muchas mujeres, no lo llamaría socialización femenina sino socialización femenina blanqueada/blanca.

Nunca me sentí identificada con la feminidad hegemónica: A mí me gustaba andar en bicicleta y adoptar sapos y jugar juegos de pelea en las maquinitas. Tampoco me gustaba usar el cabello largo ni los moños ni los vestidos ni los zapatos de charol. Ni bañarme. Pero, no es algo que pudiera decir a mis compañeras de escuela porque para encajar un poco tenía que fingir que me gustaba jugar con Barbie: de nuevo la feminidad blanca/blanqueada que no sólo es sexista, sino que está interceptada con la raza y la case. No basta con ser una dulce princesa, hay que ser una dulce princesa con los modales del colono. Aunque nunca me sentí identificada con el modelo colonial de la hija del colono, fui socializada en la feminidad hegemónica/blanqueada y durante mis primeros años escolares viví en silencio las palabras hirientes de mis compañeras de clase. Me tragaba la rabia y llegaba a llorar a mi casa. Lo sufría en silencio. Me sentía tan avergonzada que me daba pena contarle a alguien que me decían pobre y naca, tenía claro que ser naca y empobrecida no tenía nada de malo, pero me hería que lo usaran como insulto.

Mi suerte cambió cuando me tragué completo un aromatizante de baño en berrinche porque mi papá no me dejó adoptar un gato callejero. Mi papá me llevó de emergencia a la farmacia del barrio. Era una pequeña botica que se sostenía de cobrar veinte pesos por consulta y vender medicamento controlado a los cholitos del barrio. Ahí conocí a Ivone, la hijastra del médico. Hicimos clic inmediato. Ella también hacía toda clase de cosas radicales, como tomar cloro, para conseguir lo que quería. Le gustaba jugar bote pateado y a los tazos y se robaba dos pesos del dinero de las tortillas para las maquinitas. Me invitó a quedarme a dormir en su casa y lo que era una pijamada de fin de semana se convirtió en grandes temporadas de vivir en su casa y sólo ir a la mía de visita o entrada por salida.

Ivone vivía en una vecindad en una colonia periférica. Sus vecinos eran usuarios problemáticos de drogas y trabajadoras sexuales y adolescentes en conflicto con la ley y una familia de rarámuris. Su casa eran dos cuartos. En un cuarto estaba la estufa y el refri y una mesita. En el otro cuarto dos camas y una litera y una sala. Había chinches. Muchas chinches. Ivone era de las privilegiadas de la vecindad porque tenía baño propio, el resto de habitantes lo compartían. Me presentó a sus amigas y se convirtieron en mis amigas. Eran hijas de trabajadores de la construcción y trabajadoras sexuales y empleadas del hogar y vendedoras de ropa de paca en los tianguis. Además de que eran increíblemente divertidas y empáticas y solidarias me gustaba mucho la relajación social. Ahí no tenía que fingir ser alguien que no soy ni cumplir con acartonados modelos de género. Podía ser sucia y grosera y enojona y nadie me juzgaba por ello.

Durante mi infancia y adolescencia en las mañanas convivía con niñas blancas o atravesadas por procesos de blanqueamiento y de clase alta o media alta que comían con modales finos y que la palabra más petarda que usaban era «tonta». Niñas que no gritaban, que se contenían. Que de tanto contenerse eran pasivoagresivas. Que eran unas verdaderas princesas odiosas y clasistas, pero princesas. Y en las tardes con morritas prietas que bailaban cumbias y se sentaban a mirar a los danzantes ensayar mientras comían con malos modales duros preparados. Morritas con ropa sucia porque habían trabajado en el tianguis o lavado tres cargas de ropa.

Hago la distinción entre niñas y morritas no sólo para marcar la diferencia entre la clase y la raza sino como semillita de algunos aportes teóricos que compartiré más adelante, aportes teóricos de la feminista María Lugones. Ella sostiene que la «mujer» es blanca; que las negras y de color siempre han sido consideradas como lo otro, como las bestias. Pero hago la distinción como un lugar de pertenencia y de reivindicación. Yo soy una morra y luego seré una doña. Qué perra pereza ser una señora.

Todo esto pareciera anecdótico, pero no lo es. Es político. Porque lo que una vive en la infancia y en la adolescencia marca el carácter y porque cada vez que alguien me pregunta por qué veo cosas que otras feministas no ven, cómo es que consigo llegar a ciertas conclusiones o tener tanta claridad mental y pulcritud de pensamiento contesto: porque me sobra barrio. Es verdad. Las que emergemos de los zulos, las que sabemos que la desigualdad se puede analogar con una sopa de fideo tenemos la claridad mental que no dan los libros. Tenemos la claridad mental que te da rifártela en la vida loca. Jamás será lo mismo aprender de desigualdad social leyendo a Marx mientras comes tres veces al día, que trabajando doce horas para comer dos. La experiencia orgánica es la experiencia orgánica. Y no es anecdótico, es político, porque las personas nos hemos tragado tanto el cuento de la blanquitud y el aspiracionismo burgués que los lugares que reivindicamos siempre tienen que ver con lugares que nos den caché. Por eso presumimos que leemos a Cortázar, pero no *El libro vaquero*. Por eso presumimos en redes sociales cuando comemos un ramen de diseño, pero no un bolillo con crema. Presumimos nuestros lujos y triunfos, pero no nuestras derrotas y rincones sucios. Presumimos todo lo que nos dé blanquitud, porque desde luego, la blanquitud tiene beneficios en un sistema racista.

A mí me interesa reivindicarme desde lo otro. Desde el ritual de escritora que no incluye whisky sino gorditas de chicharrón verde y una coca-cola de vidrio, desde la deuda que no acababa ni con cuatro jornadas laborales. Me interesa reivindicar las enseñanzas que me dejó trabajar en el tianguis, en la fábrica y en el call-center. Del ir a pedir fiadas las croquetas de mis bestias, del contemplar el horror sentada en la banqueta de un barrio bravo y no en la nota roja sentada en el café de moda, de que duré tres meses para terminar este ensayo porque tuve que empeñar mi laptop en el Monte de Piedad. Para mí es importante que se sepa que viví en un barrio y que sentada debajo de un mural de la virgen de Guadalupe escuchando a mi amiga contar cómo su tío abusaba de ella, mientras de fondo sonaban Los Temerarios, entendí que el mundo era un lugar muy hijo de perro para las mujeres, sobre todo las de los zulos. Me interesa reivindicar que mi esposo y su familia, que ahora es mi familia, habitaron en un pie de casa en obra negra y que en esta familia periférica encontré un refugio a la crueldad del mundo. La multiformidad de la opresión y todas las caras de la violencia no me la enseñaron los libros, me la enseñó el barrio, y por eso me interesa posicionar sus saberes más allá del exotismo académico. Me enuncio desde aquí en honor a mi infancia, a mis amigas, a mi familia y en protesta a quienes criminalizan, bestializan y se burlan desde el clasismo de estas esquinas del mundo, pero también como parte de mi compromiso con la traición a mi blanquitud y el aspiracionismo burgués.

En el barrio aprendí que la desigualdad se puede analogar a una sopa de fideo. Los marxistas y personas de izquierda dicen que sólo existen dos clases sociales. Los de arriba y los de abajo, y que burgueses son «los que tienen los medios de producción». A esto le llamo fragilidad burguesa, que es la incapacidad de las clases sociales privilegiadas para reconocer sus privilegios de clase bajo un argumento teórico. Suscribo el concepto de que los burgueses son de la clase media acomodada hacia arriba. Entonces, cuando digo burgueses no sólo me refiero a los dueños de los medios de producción sino también a todas las personas de clase media acomodada y clase media alta.

Pero volvamos a la idea de la sopa. Explico: la mamá de Ivone se iba los fines de semana a trabajar fuera de la ciudad y nos dejaba veinte pesos para comer. Ivone hacia la sopa de fideo con un consomate + pasta. Otra de mis amigas del barrio la hacía con jitomate y cebolla y pasta. Y la nana, porque quién cocina en tu casa también es político, de la única niña con la que hice amistad en el colegio la hacía con caldo de pollo y jitomate y cebolla y consomate y verduras. La desigualdad es multiforme porque las opresiones y el lugar que ocupas en el modelo económico también lo son y cómo y qué y quién prepara/s una sopa de fideo dice mucho de qué lugar ocupas en la matriz de opresiones. Esto pareciera una obviedad, sobre todo si viviste precariedad, pero hay gente que no lo entiende. Gente que gana más de diez mil pesos al mes y dice que es empobrecida porque sólo existen los ricos y los empobrecidos. Y que cuando se lo explicas con una sopa de fideo se sorprende, pero sigue negando sus privilegios. La comida es un derecho y los derechos no son privilegios, te dicen. Los derechos son derechos, eso nadie lo discute, pero para acceder a ellos se necesitan privilegios de clase y raza. El primer problema que tenemos para aceptar nuestros privilegios es que pensamos que el problema está en cómo nos beneficiamos y qué hacemos con ellos, pero rara vez reparamos en cómo nos benefician a nosotras de facto. El segundo problema es que cuando alguien nos señala un privilegio, por ejemplo, el de clase, en lugar de aceptar que tenemos un salario privilegiado nos tiramos al piso a llorar y decir: «pero si yo no soy Carlos Slim». No. Así no funciona, los privilegios se analizan con respecto a ti y quienes están en desventaja y no sobre ti y tu drama de quién tiene más que tú. No, Anasofi, no eres Carlos Slim, pero ganas el triple que el ochenta por ciento de los mexicanos y en experiencias vitales, poder adquisitivo y socialización por clase social te pareces más a Carlos Slim que a la señora que vende semillas afuera del metro. Abortemos la fragilidad blanca, pero también la de clase acomodada.

No se trata de que pidas/pidamos perdón por ser blancas o ganar quince mil pesos al mes, pero tampoco de que banalicemos la discusión con un hombre de paja burlándonos de quienes nos señalan los privilegios. No se trata, tampoco, de que despoliticemos los análisis sobre la matriz de opresiones convirtiéndola en una olimpiada de opresiones. Se trata de que reconozcamos nuestros privilegios, los asumamos, entendamos cómo nos beneficiamos y cómo nos beneficia el sistema, esto para que gestionemos ese privilegio de la forma más ética posible: no podemos gestionar éticamente algo que ni siquiera reconocemos que existe.

Mi amistad con Ivone se fue a la verga porque se casó a los trece años. Sí. En los zulos las morritas ven como método de emancipación juntarse con su jaino. En casa lavan la ropa para toda la familia. Cocinan para toda la familia. Crían a sus hermanitos y sobrinos y les salen mejor las cuentas al formar su propia familia y atender sólo a «su viejo». Entonces me quedé sola con Leticia. Leticia fue mi amiga dos años más y se casó a los quince. Y hoy es un ama de casa feliz y yo soy feliz de que ella sea feliz.

Si de Ivone aprendí que la desigualdad es una sopa de fideo, de Leticia aprendí que la «socialización femenina» es un asunto de niñas, no de morras. Leticia me dio la primera lección de socialización femenina no atravesada por la blanquitud: no te quedes con la rabia. Un día le conté que saliendo de la secundaria rodeaba varias cuadras para llegar a mi casa porque una morrita de la vecindad de la avenida me decía de cosas cada que pasaba y que a mí me daba miedo, que no sabía cómo reaccionar. ¡Eres bien culo, güera!, me dijo. ¡Si no le cantas un tiro te va seguir chingando! ¡La próxima vez que pases por ahí, avienta la mochila al piso, hazte un chongo y dile: véngase perra!, y le pones sus putazos. Me quedé asombrada. Nada de amor y paz. Nada de tú eres fantástica, ignórala. No sólo me dijo con toda la desfachatez del mundo que sacara mi rabia de forma violenta, sino que me amenazó. ¡Si me entero que rodeaste o que te dijo algo y no le respondiste te voy a romper tu madre para que se te quite lo pendeja! Luego me di cuenta de que era una forma de socialización. Su mamá le decía lo mismo, si te dejas humillar te rompo tu madre. Sus tías se decían perra de cariño. Las niñas de mi colegio me decían nena. Lety me decía culera. Las niñas de mi colegio se tapaban la boca para eructar. Lety y Laura y Lupita y yo competíamos a ver quién eructaba más fuerte. Las mamás de las niñas de mi colegio estaban hartas del marido y de ser amas de casa y las doñas que crían en los barrios trabajan en los tianguis y en las esquinas y en las fábricas y lavando la ropa de las mamás estaban hartas de las niñas de los colegios. ¿Te queda duda de que la feminidad de la hija educada del colono es producto de la colonialidad del ser y la blanquitud? Revisa el estereotipo de la mujer negra enojada.

Siendo éste mi contexto de la infancia, pre y adolescente, el de las mujeres trabajadoras que siempre estuvieron en espacio público trabajando. Mujeres que teorizan mientras abren la ropa de paca nueva. Mujeres libres que se meten a nadar con brasier y pantaletas. Mujeres que te rompen el hocico si les tiras una indirecta. Mujeres que dicen ¡chingas a tu puta madre y vete a la verga!, si las haces enojar. Y pinche perra, de cariño. No entendía de qué iba el feminismo. No entendía ese feminismo de las mujeres del cuarto propio, porque yo emergí de un zulo.

Genealogía de la rabia

Antes de hacer críticas muy puntuales al feminismo del cuarto propio o feminismo blanco o feminismo hegemónico o radical me interesa hacer un breve resumen sobre el feminismo™ para que tengamos el mismo marco conceptual y un piso teórico básico. Entonces empezaremos por definir ¿qué es el feminismo? El feminismo «es la idea radical de que las mujeres somos personas». El feminismo es un conjunto de teorías, agendas, reivindicaciones y praxis que buscan la liberación/empoderamiento/emancipación de las mujeres.

Muchos hombres (y mujeres), sintiéndose muy críticos preguntan ¿y si el feminismo busca la equidad porque se llama feminismo y no igualitarismo? ¿Si quieren equidad porque no se llama humanismo? La respuesta pareciera obvia, pero para mucha gente no lo es: La emancipación de las mujeres no está concretada. En TODOS los contextos ser mujer es enfrentarte a violencia sexista, machismo, discriminación y opresiones cuando el sistema sexo/genero se intercepta con la clase y la racialización. En México todos los días son asesinadas nueve mujeres, muchas de ellas menores de nueve años. Las mujeres víctimas de feminicidio son violadas y vejadas de una y mil maneras antes de morir asesinadas. Ocurre una violación cada cinco segundos. El acoso sexual inicia en promedio a los siete años. El aborto es castigado con cárcel. En algunos países las morritas que están menstruando son enviadas a las chozas de la menstruación y muchas mueren por picaduras de serpientes. Por ablación de clítoris. Por abortos selectivos cuando el feto es hembra. Matrimonios forzados de menores de doce años. Criaturas de diez años llevando a término embarazos producto de violaciones. Trans-feminicidios. Despojo de territorios a naciones indígenas. Esterilizaciones forzadas a mujeres racializadas y empobrecidas. El feminismo se llama feminismo porque busca equilibrar a favor de las mujeres una balanza que históricamente ha estado y aún está desequilibrada. Además ¿iguales? ¿A quién? Si ni entre hombres son iguales.

Otra de las objeciones en contra del feminismo es que el feminismo de antes era el perrón. Las feministas de antes luchaban por poder votar, por poder estudiar y las feministas de ahora luchan por dejarse crecer los pelos de las axilas y subir fotos de sus copas menstruales con sangre. Lo explicaré con peras y manzanas: El feminismo se compone de teoría, agenda, praxis y reivindicaciones. Luchar por conseguir el acceso al aborto legal forma parte de una agenda y visibilizar que la sangre menstrual no es impura ni sucia ni apestosa es una reivindicación. Y ¡sorpresa!, no son mutuamente excluyentes. Para explicar las diferencias entre teoría, agenda, praxis y reivindicaciones usaré las Olas Feministas como ejemplo. No estoy de acuerdo en la organización de la genealogía feminista a través de Olas porque invisibiliza los aportes de las mujeres negras y de color, pero me parece una sistematización útil para ejemplificar estos conceptos.

¿Qué es una agenda feminista? La agenda feminista corresponde a los ¿qués?, y para explicarla usaré como ejemplo la Primera Ola del feminismo. Las feministas de la Primera Ola se enfocaron en señalar que las mujeres también son ciudadanas y por tanto sujetas de derechos. De la mano de estas afirmaciones viene la agenda. Una vez que demostraron que las mujeres son ciudadanas y que, ergo, deben tener los mismos derechos que los varones, se especificó qué querían, qué pedían, qué necesitamos para emanciparse. La agenda en la Primera Ola era básicamente una: el voto femenino.

La Primera Ola es la más usada por los detractores del feminismo para señalar que *esas* eran las feministas chingonas y rifadas. Las que pedían igualdad de derechos. A esas peticiones se les llama agenda: poder votar, poder divorciarnos, tener certeza jurídica dentro del matrimonio, tener derecho a la herencia y propiedad de la tierra, la justicia reproductiva, el respeto a la identidad de género, el matrimonio civil entre lesbianas, los espacios libres de acoso sexual, la abolición de la esclavitud, entre otras libertades elementales, se llama agenda feminista. Y por cada victoria en la lucha o por cada punto de la agenda tachado hay diez que todavía no se concretan. La agenda feminista hoy en día sigue enfocada en libertades y derechos humanos básicos.

Contestando a quienes dicen que las feministas de antes eran las chidas y que las de ahora sólo son unas histéricas gritonas que salen a marchar en pelotas: En México hay un chingo de mujeres que se la rifan para conseguir cambios específicos en situaciones urgentes. Gire, que desde la vía legal busca garantizar derechos sexuales y reproductivas. Sabuesas Guerreras, que escarba con entrenamiento pericial en fosas clandestinas para buscar restos mortales de personas desaparecidas. Nuestras Hijas de Regreso a Casa, que lucha contra el feminicidio y acompaña a familias que buscan a sus hijas. Equis, Justicia Para Las Mujeres, que trabaja en mejorar el sistema judicial y que hace trabajo de incidencia dentro de las prisiones. Hay mujeres ahora mismo luchando contra las esterilizaciones forzadas en Chiapas. Contra el despojo de tierras sagradas. Contra la violencia policial en los barrios. Hay morras ayudando a otras a abortar al margen de la ley. Hay morras peleando custodias y pensiones. Dando clases de autodefensa en las secundarias de la periferia. Las feministas de esta época no somos tan distintas a las de otras épocas, la diferencia es que mientras luchamos de formas concretísimas por conseguir la liberación de la mujer, nos tomamos fotos de las axilas peludas como parte de una reivindicación.

La genealogía tradicional (hegemónica) de la teorización de la diferenciación sexual y la problematización de las desigualdades entre hombres y mujeres nombrada como feminismo se inaugura con la publicación de la vindicación *Declaración de los Derechos de la Mujer y de la Ciudadana* de Olympe de Gouges y *Vindicación de los derechos de la mujer* de Mary Wollstonecraft. A la publicación de estos dos textos, junto con el movimiento sufragista, se le conoce como Primera Ola. Si hablamos de feminismo como posicionamiento político entonces tenemos que decir que inicia con la Ilustración. Sin embargo, antes de que las luchas por la emancipación de las mujeres se nombraran como feminismo hay muchos ejemplos de insurgencia, rebeldía y praxis que problematizaron la opresión de las mujeres, lucharon por emanciparlas y que se escaparon de los roles tradicionales. La lucha por la emancipación de las mujeres no inició con las blancas y europeas. Antes de que a toda rebeldía y emancipación y búsqueda de liberación se le nombrara feminismo había mujeres rebeldes luchando contra todas las formas de opresión. Estaban las brujas, las chamanas y las negras armando quilombos. La lucha contra la jerarquización social precede al feminismo.

Durante la Primera Ola aparecen las primeras diferencias entre las mujeres de clase media y alta y las obreras y racializadas. Las primeras querían el derecho al voto, las segundas derechos laborales e igualdad de salarios y las terceras la abolición de la esclavitud. Sojourner Truth, feminista negra poco mencionada en las genealogías tradicionales del feminismo pronunció en una convención de mujeres un discurso llamado *¿Acaso no soy una mujer?*, para dejar claras las diferencias entre las blancas y las otras. A estas diferencias las llamaré a lo largo de este texto como diferencias entre feministas del cuarto propio y de los zulos.

> Agenda = ¿Qué derechos, libertades, aboliciones o emancipaciones nos faltan por concretar? La agenda responde a la pregunta ¿qué?

La Segunda Ola del feminismo inicia en los años sesenta y es el boom de la teoría feminista. En esta época se escribieron los «grandes clásicos del feminismo». La teoría es que, por medio de ejercicios intelectuales, de investigación, observación y reflexión podamos problematizar, cuestionar y buscar explicaciones y consecuencias del trato diferenciado y jerarquizado, de las diferencias entre mujeres y sus diferentes contextos, experiencias vitales e intersecciones de clase y raza

La Primera Ola se enfocó en las desigualdades legales y la Segunda Ola en las desigualdades estructurales y en buscar los porqués. Se problematizó el matrimonio como institución de opresión. La familia como instrumento de esclavitud. La maternidad como construcción cultural. Se habla por primera vez del derecho al aborto. Del control de la natalidad. De la mujer como objeto de consumo. De la industria del porno como propaganda de odio contra las mujeres. *El segundo sexo. Nuestra Sangre. La mística de la feminidad. La dialéctica del sexo. Política Sexual.* Los aportes teóricos son muchos: Andrea Dworkin pidiendo una tregua de veinticuatro horas sin violaciones sexuales. Analizar cómo a lo largo de la historia la fuerza de trabajo de las mujeres ha sido usada de forma gratuita en nombre del amor. El amor es el opio de las mujeres. Se traslada el materialismo histórico y la dialéctica marxista al feminismo: para que exista un oprimido se necesita un opresor. Las mujeres son una clase sexual oprimida por una clase opresora: los varones. Se analizan los orígenes del patriarcado. Se dice que surgió cuando se remplazó el arado por el azadón. Se dice que no, que fue cuando los varones descubrieron el papel del macho en la procreación. Se dice que no, que fue cuando el alfabeto desplazó a la diosa porque se empezaron a valorar más las actividades realizadas con la parte izquierda del cerebro. Se dice que no, que fue cuando Prometeo les enseñó el truco del fuego a los varones.

En la Segunda Ola surgen las dos grandes ramas del feminismo: de la igualdad y de la diferencia. El de la igualdad dice que las mujeres y los hombres somos iguales y que lo que nos hace «diferentes» es la crianza diferenciada. Señala también que las mujeres somos capaces de hacer cualquier cosa que hagan los varones y que la meta es que niñas y niños sean criados con las mismas permisiones y los mismos límites. Y el de la diferencia, por su parte, sostiene que las hembras humanas y los machos humanos claramente no somos iguales y que el problema no es la diferencia sino la lectura que se la da a esa diferencia y que entonces la solución no está en parecernos a ellos sino en reivindicar lo femenino y dejar de usar la diferencia sexual como excusa para la jerarquización. La Segunda Ola es ilustrativa de la teoría feminista.

> Teoría: problematizar, buscar cómo, cuándo, por qué y qué es.
> Agenda: identificar un problema y proponer una solución.

Si bien el feminismo de la Primera Ola ejemplificó las bases de lo que es una agenda feminista (muy sesgada, por cierto) y la Segunda Ola la teoría, la Tercera es la de las reivindicaciones. Aunque sí hay grandes aportes teóricos como la teoría *queer* con exponentes extraordinarias como Butler y Preciado, Diana «Pornoterrorista» Torres, Despentes e Itziar Ziga. Todas llegan a la conclusión de que las reivindicaciones de todo aquello que se considera abyecto son importantes. Surge la poderosa reapropiación del insulto. Es importante hablar de orientación sexual como una identidad porque puto es la última palabra que escuchan decenas de maricones antes de ser asesinados. Es importante dibujar vulvas en todos los espacios porque la vulva ha sido el sexo invisible durante siglos. Se tiene que hablar de menstruación porque hay jóvenes que son excluidas de sus comunidades mientras están sangrando. Se necesita hablar de cuerpos múltiples porque por años hemos visto modelos hegemónicos de belleza que han hecho estragos en nuestra autoimagen. Se necesita hablar de que las gordas son bellas porque cada año miles de mujeres mueren por trastornos alimenticios. Pero desde luego que, si eres un hombre blanco, heterosexual, clase media/alta, guapo y no perteneces a la diversidad funcional los movimientos identitarios deben parecerte una estupidez porque tú perteneces a una hegemonía y eres la norma y la medida. Aplica también para las mujeres. Sobre todo, para las feministas blancas y de clase media y guapas que dicen que no existen varios feminismos sino un feminismo: el feminismo que lucha contra la opresión. Así en singular, como si existiera una sola opresión. Esas feministas del cuarto propio afirman que el feminismo negro no es necesario porque dividirnos entre negras y blancas nos separa. Sí, las personas que dicen que los movimientos identitarios no son importantes son las mismas que dicen no veo negros ni blancos ni jotos ni lesbianas ni hombres ni mujeres: veo personas. Dan ganas de decirles: chingas a tu macho padre. Pero es mejor citar a Michelle Haimoff: «Las mujeres negras se despiertan por la mañana, se miran en el espejo y ven mujeres negras. Las mujeres blancas se despiertan por la mañana, se miran en el espejo y ven a las mujeres. Los hombres blancos se miran en el espejo y ven a la humanidad».

En la Tercera Ola surgen los movimientos de cuerpos múltiples y los movimientos identitarios LGBTTTI. Ser lesbiana no sólo es una orientación sexual, es un lugar de resistencia y un posicionamiento político. Estos movimientos señalan la importancia de nombrarse desde la otredad; desde la poderosa reapropiación del insulto. Es la lucha de las maricas y las trans y las machorras y las putas y las deformes y las negras y las gordas por su derecho a existir desde la diferencia, sin que esa diferencia se traduzca en discriminación. En la Tercera Ola se habla de orgasmos porque sólo una de cada diez mujeres heterosexuales tiene una vida sexual plena. Se habla de pelos en las axilas porque por siglos hombres peludos nos han hecho sentir sucias por ser seres humanos y tener vello y estrías y celulitis. Pero sucede que lo que es reivindicable para una puede no serlo para otra. Para muchas feministas blancas desnudarse en las marchas es una rebelión potente contra la mojigatería bajo la que fueron criadas, sin embargo para las feministas negras la desnudez no es, siempre, una reivindicación ni un acto de rebeldía porque, como señala la teórica negra Yuderkis Espinosa, las negras siempre han estado desnudas tanto como objetos de estudio en museos y zoológicos humanos como en el imaginario racimachista que las exotiza. Para las mujeres negras el cabello afro es reivindicable y los turbantes y las trenzas y el color de su piel y sus cuerpos grandes y poderosos. Todo lo asociado a la racialidad y todo eso por lo que han sido bestializadas y discriminadas y violentadas. Las mujeres musulmanas, sobre todo las que viven en Occidente, reivindican el uso del burka y el hiyab. Para ellas no sólo es religión, es cultura y es identidad y es resistencia porque son acosadas y violentadas de formas terribles por llevarlo. Para otras mujeres la reivindicación está en sus ojos rasgados. Para otras en las estrías o en la desnudez de sus cuerpos no perfectos. Lo que se reivindica es ahí donde fuiste herida, donde fuiste insultada. Eso que usan para decirte sucia y mala y loca y puta y negra y machorra y marica y no merecedora de derechos. Ese lugar abyecto es tu lugar de reivindicación. Subir fotos de sangre menstrual y dibujar vulvas y subir fotos de nuestras estrías y vello corporal tiene como objetivo visibilizar y normalizar y quitar el estigma.

Las feministas del cuarto propio siempre quieren ir más allá en sus críticas bajo la premisa de que ellas van a la raíz. Entonces critican a las pobrecitas morras por defender el hiyab, porque cómo puedes defender un símbolo de opresión. Critican a las negras por mover «el culo de forma tan sucia ¡cómo se atreven a bailar reggaetón de esa forma! ¿Por qué se hiper-sexualizan?». Me parece muy curioso que las veces que otras feministas me han preguntado qué opino de las mujeres que se hiper-sexualizan sus ejemplos han sido mujeres negras. Mujeres a las que someten al escarnio por vivir una sexualidad distinta a la blanca conservadora. Las mujeres negras y de color se saben sexualmente poderosas y desde tiempos ancestrales han usado la danza para conectarse con las energías de sus ancestros y encontrar poder y resistencia que habita dentro de ellas. No bailan sucio, tú las estás midiendo con tus parámetros morales.

Esas feministas que van a la raíz y critican a las gordas por subir nudes «porque cómo suben fotos de sus culos gordos, qué les pasa eso no es feminismo». Nada que le pare la verga a un hombre es feminismo, dicen. Señalan que los movimientos de los cuerpos múltiples le siguen el juego al capitalismo de usar a los cuerpos como objetos de consumo y que lo que se tiene que abolir es la obligación de ser bella y no ampliar el concepto de belleza. ¿Ah sí? ¿Y cómo se abole la obligación de belleza? Porque para mí mientras haya mujeres que al mirarse en el espejo lo quieran romper porque se sienten feas la solución no está en decirle lo bello no existe, sino: existen muchas formas de ser bella. Es más práctico. Por eso la representación es importante. Que las niñas vean en revistas y series de televisión mujeres gordas y negras y «feas» y que no encajan dentro de los parámetros de belleza y que triunfan y son poderosas y hacen cosas grandes les envía un mensaje de poder. Decir: hay que abolir la obligación de ser bella es una frase retórica, y ya. A las críticas a las reivindicaciones de otras que están atravesadas por el racismo o clasismo se les conoce como *purplewashing*. El *purplewashing* es cuando se usa al feminismo como excusa para reproducir otros sistemas de opresión. El *purplewashing* es decir: «Negra tonta, deja de perrear tan sucio que nos dañas a todas». Puedes seguir haciéndolo. Pero no digas que eso es ser crítica o feminista, solo estás siendo básica, racista y clasista.

> Reivindicación = quitarle el estigma a lo que se considera abyecto o lo otro.

Finalmente llegamos a la praxis. La praxis feminista es acción. La praxis es fácilmente confundida con la amistad, abrazar a tu amiga no es una praxis feminista, es una manifestación de cariño. Praxis es acompañar abortos, tapizar la ciudad con carteles de mujeres desaparecidas, denunciar el racismo y hacer de tu espacio un espacio antirracista. Praxis es tallerear con mujeres en contacto con el sistema penitenciario, dar asesoría jurídica a mujeres en situación de violencia o divorcio, poner un comedor comunitario para la comunidad LGBTTTI, praxis es donar preservativos y lubricantes a trabajadoras sexuales organizadas, praxis es respetar los pronombres de las personas trans y no binarias. Praxis es poner en cuerpo. Las marchas no son una praxis, son una estrategia.

En esta breve historia del feminismo podemos notar que la genealogía dividida en Olas visibiliza sólo el feminismo del cuarto propio; el de las mujeres blancas y con privilegios. Esta división deja fuera a las negras y de color. Ellas siempre estuvieron presentes. Durante la Segunda Ola del feminismo se publicaron grandes obras de Angela Davis y bell hooks y Audre Lorde y antologías de feminismo negro y chicano y tercermundista. Pero no aparecen en las cronologías porque la narrativa está dominada por el feminismo de los cuartos propios e invisibiliza a las que emergen de los zulos. La invisibilización también es racismo.

Desde mi apuesta epistemológica el feminismo se divide en dos grandes grupos: el feminismo que señala que nos unamos todas en torno a la opresión de tener vulva. A esto lo llamo feminismo blanco o feminismo de los cuartos propios. Y el feminismo que teoriza y genera agendas y alianzas a partir del concepto de matriz de opresión, este es el feminismo de los zulos.

Feminismo radical: la mayonesa del feminismo

La primera vez que escuché la palabra feminismo como movimiento que busca emancipar a las mujeres fue la primera vez que googleé la palabra aborto. Estaba pasando por un embarazo no deseado y quería saber cuáles eran mis opciones. En el feminismo encontré las opciones y la información y el acompañamiento. Entonces quise saber quiénes eran esas mujeres que del otro lado del mar me decían «todo va estar bien», mientras yo abortaba al margen de la ley del Estado y de la Iglesia. Busqué en la biblioteca y en internet la bibliografía básica recomendada. Leí *El segundo sexo* y me pareció un análisis extraordinario. Mis problemas llegaron con *La mística de la feminidad*, la *Dialéctica del sexo* y *Política sexual*. Entendía el análisis sobre el origen de la opresión de las mujeres y entendía las problemáticas que planteaban, pero no lograba empatizar con esas problemáticas porque yo venía de otro contexto: el de los zulos.

En mi contexto no había esa dicotomía entre lo público y lo privado porque las mujeres que me rodeaban siempre habían estado en la calle y en el campo y en casas de otras mujeres trabajando. Tampoco entendía ese hartazgo por el marido porque a mi alrededor había pocas mujeres casadas y las que lo estaban enfrentaban problemas mucho más graves que el tedio: la violencia feminicida. No sabía por qué pedían regresar a trabajar si todas mis ancestras, incluidas las de épocas anteriores a los años sesenta, habían trabajado tanto en el espacio privado —la familia— como en el espacio público —sembrando en el campo—. Leía sobre una feminidad construida a partir de la fragilidad y el decoro sexual y recordaba a las tías de Lety metiéndose a la alberca en calzones y chichero sin importar que una vez mojados por el agua dejaran ver sus pezones y vello púbico. ¿Fragilidad y debilidad? Pero si mi mamá cargaba en la cabeza hasta veinte litros de agua desde el río hasta su casa y mis amigas armaban solitas armazones de tianguis de varios kilos. Me sentía como se sienten las personas del sur global cuando leen los problemas de la gente euroblanca de clase alta. No le entendí al feminismo. No en ese momento. Ese feminismo no reflejaba ni la feminidad ni las necesidades de las mujeres como mis hermanas y amigas, ni mis necesidades. El feminismo de los cuartos propios no me estaba explicando ni la vida ni me estaba resolviendo nada

 Esto no es casual. La gran mayoría de teóricas que están legitimadas en la academia y que son difundidas como las creadoras de las bases de la teoría feminista son blancas (o con el pasar por blanca o mestizas o blanqueadas) y de clase media/alta, feministas del cuarto propio que disponen de tiempo y empleadas y dinero suficiente para acumular capital cultural y privilegios epistémicos y desde ahí teorizar. Teorizar desde los privilegios genera aportes interesantes, sobre todo si se apuesta por teorizar para la liberación, pero se corre el riesgo de generar análisis a partir del privilegio porque todo lo vemos desde el privilegio y el contexto. Entonces si tu contexto es ser una mujer de clase alta y blanca y con estudios universitarios que jamás ha vivido racismo y que jamás ha camellado durísimo por un plato en la mesa, es natural que tus preocupaciones sean el aburrimiento y el acceso a puestos de mando y el derecho al voto y el número de escritoras que son publicadas cada año. Pero en los zulos hay mujeres cuya necesidad vital es un plato de comida y un mejor salario y tiempo para criar a sus hijos y protegerlos del racismo de la policía.

Entonces diremos que el feminismo blanco es teóricamente importante, pero carece de muchas perspectivas y formula agendas que sólo benefician a las que más tienen y no a las que menos tenemos. ¿Quién barre los trozos de cristal de los techos que rompen las mujeres blancas?

Soy una resentida social pero no odio los aportes del feminismo blanco o del cuarto propio o radical, aunque sí considero a muchas feministas que le dieron forma como mi antítesis. Pero agradezco sus aportes porque muchas de ellas sentaron las bases de teorizaciones que fueron vitales para debatir a la hora de luchar por nuestros derechos, sobre todo la poderosa premisa: Lo personal es político. Pero es importante visibilizar que todos los conceptos que damos por hecho, como «patriarcado», y las consignas que repetimos, como «únete en torno a la misma opresión», o los libros que consideramos vitales, como *La mujer eunuco*, están en donde están por la visibilidad de facto que tienen las mujeres que los escribieron, visibilidad que forma parte del privilegio de estar en partes altas de la jerarquización social. Y, desde luego, que no conozcamos conceptos como «matriz de opresiones» y «sistema sexo género» o libros como *Esta puente, mi espalda* tiene que ver con lo que en los estudios decoloniales se conoce como colonialidad del saber y que no es otra cosa que que los conocimientos que son generados por las personas blancas que habitan el primer mundo son los conocimientos que se convierten en hegemonías epistémicas. Mientras que los conocimientos que surgen del sur global o son pensados por personas de color no son tomados en serio. Las blancas del cuarto propio escriben teorías que son internacionalismos y las negras escriben para dividir al movimiento, dicen.

Cuando estudié filosofía los padres de las epistemologías y las hermenéuticas y las ontologías y los aparatos críticos me decían: piensa y luego existes. Pero encontré a mis gurús de colores y me dijeron, siente y sé libre.

En la Segunda Ola nace la rama más «crítica» del feminismo: El feminismo radical. Por feminismo radical muchos entienden a esas feministas que rayan paredes y que salen desnudas a protestar por los crímenes de odio contra las mujeres. Les dicen radicales a esas que abiertamente dicen que sí odian a los hombres y citan a Valerie Solanas. Eso no es el feminismo radical, esas son posturas y praxis individuales. El feminismo radical es una corriente teórica que afirma que existen dos clases, la oprimida y la opresora, y el género es la herramienta de opresión. El feminismo radical es heredero del marxismo y la dialéctica y el materialismo histórico entonces señala que las mujeres son/somos una clase sexual oprimida. Lo que nos convierte en una «clase» es que compartimos lo que Karina Vergara Sánchez señala como «presunta capacidad paridora» y características sexuales específicas, es decir una materialidad. Entonces para el feminismo radical la base de la opresión es el sexo. Y la herramienta de opresión es el género. Y considera que para concretar la liberación de las mujeres hay que abolir el género.

 Estudié filosofía y por lo tanto la estructura de los argumentos es muy importante para mí y desde que escuché la frase «la base material de la opresión es el sexo» me pareció problemática como premisa. Esa redacción afirma –sin querer– que la opresión sí tiene justificación y esa justificación es la diferencia sexual. La premisa está mal redactada y si razonamos mal, conceptualizamos mal, y como dice Celia Amorós: Si conceptualizamos mal, politizamos mal. El problema no son los genitales ni la presunta capacidad paridora ni la vulva. El problema es la interpretación de otredad que se da a la diferencia biológica. La opresión de la mujer no tiene bases ni justificación: tiene una estructura: la jerarquización. El problema es la jerarquización, no el dato biológico. No es la materialidad, es la interpretación de esa materialidad. La opresión no tiene base material, tiene estructura ideológica. Y no existe una sola jerarquización, existen varias e interactúan entre sí.

Cuando he planteado que la premisa «la base de la opresión es el sexo» es una falacia (o varias) me preguntan: ¿cómo deciden a quién cortarle el clítoris? ¿Cómo deciden a quién matar en la selección de fetos por sexo? Desde luego, para decidir a quién violar los violadores de mujeres seleccionan a su víctima por la inmediatez: el sexo (o lectura sexualizada inmediata). Pero no es el sexo lo que mata o justifica, es la interpretación que se le da a ese dato biológico y es jerarquización y la infravaloración. Hay una diferencia semántica y simbólica y lógica enorme en decir: «la base de la opresión es el sexo», a decir «la opresión no tiene bases ni justificaciones». La opresión se articula en la jerarquización que se hace a partir de interpretaciones machistas/racistas/clasistas de datos biológicos. Nuevamente: Si razonamos mal, politizamos mal ¿Cómo tomar como plausible una apuesta teórica que está basada en una premisa falsa o «mal redactada». ¿Por qué damos por hecho estos aportes teóricos si desde su sintaxis son sumamente problemáticos? Porque los hicieron feministas del cuarto propio que por la colonialidad del saber están legitimadas per se, aunque digan pendejadas.

Las feministas radicales buscan, en teoría, abolir todo lo que signifique explotación para las mujeres: el matrimonio y la pornografía y la prostitución y la maternidad. Pero tienen sesgos cognitivos y teóricos y éticos muy cabrones y se enfocan específicamente en aquellos tópicos que les causan incomodidad, como el trabajo sexual. En todas las relaciones que impliquen el intercambio de la fuerza de trabajo por dinero o capital cultura o político, habrá cierto grado de injusticia, inequidad o explotación. Pero si en el trabajo sexual ves explotación y no la ves en limpiar baños llenos de mierda y sangre menstrual y quieres abolir la primera, pero la segunda te da básicamente igual, no sólo tienes que revisar tus valores éticos sino también tu capacidad de argumentación, porque se necesita ser muy torpe intelectualmente y éticamente para creer que hay explotaciones patriarcales y otras llenas de poesía. Pudiera parecer inocente o incluso éticamente correcto buscar la abolición de la prostitución. Pero a qué decides apostarle toda tu energía y qué denuncias y qué quieres abolir y qué pides y cuál es tu agenda habla sobre si eres una feminista del cuarto propio o de los zulos.

El feminismo radical quiere abolir todo lo que signifique explotación, pero ven como la violencia primera al género. Entienden género como el conjunto de roles y características y cualidades e imposiciones y limitaciones impuestas con violencia a la clase sexual de las mujeres. Consideran que la feminidad es una herramienta que usaron los varones para domesticarnos. La feminidad es un fetichismo y una fantasía de los varones impuesta a las mujeres, afirman. Entonces hay que dinamitar la feminidad y el género. Por abolir el género entienden que no existan cosas de mujeres y de hombres, sino que cada quién haga lo que le cante el culo. Que los hombres puedan maquillarse y las mujeres raparse. Que las mujeres puedan ser matemáticas y los hombres cocineros. Estos aportes son importantes porque definieron por primera vez qué es el patriarcado y qué es el género y a las mujeres como una clase sexual. Pero no son incuestionables ni representan las tablas de ley de la liberación femenina ni mucho menos son dogmas porque de hecho son muy problemáticos y miopes. Por ejemplo: Al patriarcado lo definen como una mega-estructura de sistemas culturales y simbólicos y económicos y políticos que favorecen a los hombres por encima de las mujeres. «Las mujeres como clase» sostiene que las mujeres son una clase sexual que es oprimida a partir del sexo y que la clase opresora es la de los varones y que el género es el mecanismo de opresión. Sin embargo, las feministas negras y de color desde los años setenta han criticado el concepto de patriarcado y género, e incluso la opresión. Han hablado fuerte en libros como *Escucha mujer blanca*, pero parece que no las hemos estado escuchando porque todas seguimos diciendo tonterías como que todas las mujeres estamos oprimidas.

Las feministas del cuarto propio, al ver la jerarquización sexual como la máxima opresión, ocupan todo su tiempo en eliminar aquello que desde su perspectiva esté atravesado por esta opresión, por ello se enfocan únicamente en tópicos que tienen que ver con la vulva. La teoría radical les explicó que la dialéctica de la opresión es sobre todo sexual. En cambio, las mujeres de los zulos están luchando contra el racismo y el clasismo porque la experiencia orgánica les ha enseñado que la jerarquización sexual está conectada con la jerarquización racial y la social.

> Si teorizamos mal, proponemos agendas sesgadas que no representan las necesidades de todas las mujeres.

Las feministas de los zulos han problematizado todas las teorizaciones del feminismo radical. Han criticado, por ejemplo, que el feminismo blanco ha usado la figura del patriarcado como LA macro-estructura. El problema con el termino patriarcado consiste en que es limitado para denunciar las violencias estructurales que viven las mujeres porque la opresión no es una, sexo/género, sino varias y no está construida siempre y únicamente en la jerarquización sexual y NO todas las mujeres están oprimidas. El concepto de patriarcado coloca a la opresión por jerarquización sexual como EL sistema, y no, así no funciona. Y así no funciona porque los sistemas de dominación son más complejos que una jerarquización sexual. El concepto de patriarcado deja fuera las opresiones de clase y raza que están conectadas con las opresiones de género/sexo. El patriarcado es inexacto porque si nos ponemos estrictas la opresión exclusiva de género/sexo no existe sin las interacciones de clase y raza, porque muchas libertades restringidas a las mujeres pueden ser compradas. ¿Cuáles? El aborto, por ejemplo. No. El patriarcado no es un monstruo enorme que sentado en una mesa de madera brinda: salud por la opresión de la mujer. El patriarcado tampoco es un kraken y la clase y la raza y la orientación sexual son sus tentáculos. Estas analogías usadas por el feminismo radical dejan claro que sí jerarquizan las opresiones y que para ellas la opresión máxima o el monstruo son las relaciones dicotómicas entre sexos, y las que se articulan a partir de la clase y la raza son accidentes.

Para solucionar la miopía teórica del término patriarcado las feministas marrones propusieron conceptos como matriz de opresiones y relaciones patriarcales. El término relaciones patriarcales es más exacto porque coloca a la jerarquización entre sexos como uno de varios sistemas de opresión, pero no el único ni el más importante. Las relaciones patriarcales se articulan con otras de jerarquizaciones sociales porque la clase y la raza y la orientación sexual y la identidad de género y la diversidad funcional no se tratan de simples variables o complementos sino de jerarquizaciones violentas y aunque no existe una olimpiada de opresiones, sino que todas interactúan entre sí en lo que se conoce como la intersección de opresiones definitivamente no es lo mismo ser blanca de clase alta que indígena en la sierra de Guerrero ni hombre blanco y burgués a afrodescendiente empobrecido. Y es importante señalar todas estas diferencias porque no todas las mujeres somos oprimidas, algunas vivimos discriminación y violencia de género, pero no somos oprimidas.

Teniendo en cuenta que son pocas las opresiones que obedecen sólo al «género» y hablar de patriarcado es miope e inexacto, es claro que no es ni simbólica ni semánticamente lo mismo hablar de patriarcado como LA macro-estructura a hablar de relaciones patriarcales que pueden operar de forma paralela con otras relaciones de jerarquización sin que ninguna sea LA opresión. Es claro que el concepto de matriz de opresión es más amplio y plausible que patriarcado. Sin embargo, que jamás hayamos cuestionado el concepto de patriarcado y que no conozcamos conceptos tan pulcros teóricamente como matriz de opresiones o sistema sexo/género, también tiene que ver con la supremacía blanca.

> Si teorizamos desde la razón blanca, proponemos soluciones desde la perspectiva de las que más tienen y dejamos fuera a las que menos tenemos.

Hago aquí un paréntesis. La matriz de opresiones y las relaciones patriarcales y la intersección de opresiones son conceptos feministas que buscan hablar sobre LAS MUJERES y sus diferencias vitales, y sobre varones racializados y no para que los hombres blancos se tiren al piso a llorar y decir: nosotros también sufrimos. Está claro que los hombres también sufren, sobre todo si están en los lugares menos privilegiados de la matriz de opresiones. Y analizar que no es lo mismo un varón blanco y heterosexual y burgués que uno empobrecido y racializado y que hay que cuidar no reproducir sistemas de opresión a la hora de buscar soluciones contra la jerarquización sexual, es vital. Pero estas teorizaciones no son para que hombres blancos que siempre han sido la medida de los órdenes jerárquicos se tiren al piso a llorar o desacrediten las demandas feministas: agarren el pedo, señores.

Las mujeres blancas que han monopolizado el discurso feminista señalan que el género es la violencia primera: una imposición sobre el cuerpo de las mujeres del cómo deber ser. No obstante, en ese concepto sólo toman en cuenta su experiencia y a partir de ahí definen qué es una mujer y qué es opresión y qué es feminidad, esto no sólo desde presuntos «parámetros patriarcales», sino de su propia experiencia. Por ejemplo, cuando hablan de que una imposición de género es tener una sexualidad reprimida, su medida es la sexualidad de las mujeres blancas. No todas las mujeres son educadas de la misma forma en términos sexuales.

Te propongo un ejercicio: piensa en cualidades típicamente femeninas o que han estado asociadas a la mujer o que vienen en el diccionario cuando buscas feminidad o mujer. Las palabras seguramente serán dulces y frágiles y tiernas y maternales. Esos estereotipos están construidos a partir de la experiencia de las mujeres blancas. Por ello la teórica María Lugones señala que la «mujer», es decir ese concepto ontológico y epistemológico e identitario y simbólico, es blanco. La mujer es blanca. La fragilidad y la sexualidad reprimida y estar confinada al espacio privado y la bondad son experiencias blancas. Las mujeres marrones tienen socializaciones distintas y tienen sexualidades diversas y feminidades varias. María Lugones hace la diferencia entre mujeres y hembras, siguiendo la tradición de Sojourner Truth. Las mujeres son blancas, las negras y de color son hembras y han sido bestializadas igual que sus compañeros racializados y al no ser consideradas mujeres por no ser frágiles y por ser poderosamente sexuales y por ser rabiosas no han sido consideradas en los mapeos de qué es ser una mujer ni en la construcción de agendas liberadoras.

El problema de la teorización radical sobre el género no sólo es que se enfoca en la experiencia de las mujeres blancas, sino que toda su lectura se construye a partir de la dicotomía y no es así. Hay mujeres indígenas que afirman que no existe una feminidad sino varias y que no todas son opresivas, algunas están llenas de emancipación porque parten de reencontrase con la ancestralidad. Por ejemplo, mientras que para muchas radicales tener el cabello largo es símbolo de opresión, para las mujeres racializadas es recuperar su historia y es empoderamiento y es reivindicación, sobre todo cuando ese cabello ha sido usado para degradarlas. Hay feministas racializadas que hablan de dos clases de relaciones patriarcales: a las que están articuladas a partir de la dicotomía las nombran como relaciones de alta intensidad, y las de baja intensidad son aquellas en las que no existía/existe una dicotomía sexual sino una dualidad, y aunque las tareas comunitarias sí estaban divididas por sexo no eran antagónicas ni estaban jerarquizadas, la maternidad y la recolección y la crianza eran igualmente valoradas que la caza y la guerra. Con los procesos de colonización ocurrió lo que la feminista indígena Julieta Paredes define como «entronque de relaciones patriarcales», que es cuando la jerarquización sexual se impuso sobre la dualidad sexual. Y mediante procesos de colonización se consolidó la infravaloración de la maternidad y los cuidados. Entonces, abolir el género les resulta inviable porque terminaríamos pareciéndonos más a los que más tienen que a las que menos tenemos, y entonces la abolición del género sería una continuidad de procesos de colonización. Las feministas de color apuestan por restaurar la dualidad y que la fertilidad y los cuidados y la ternura y el poderío sexual y el cabello largo/afro sean resignificados y dignificados.

> Si teorizamos desde el eurocentrismo, proponemos agendas racistas.

El feminismo radical afirma que el feminismo es un internacionalismo y que lo que nos une a todas es que somos mujeres. Y que entonces no existen varios feminismos sino uno, el que busca liberar a las mujeres de la opresión. Opresión en singular. Y que no es necesario un feminismo blanco o indígena. Verga. Para este tipo de planteamientos no tengo argumentos. Realmente me dan ganas de tirar putazos porque si algo no soporto es la mezquindad. Pero afortunadamente Audre Lorde sí los tiene: «Estar juntas las mujeres no era suficiente, éramos distintas. Estar juntas las mujeres lesbianas no era suficiente, éramos distintas. Estar juntas las mujeres negras no era suficiente, éramos distintas. Estar juntas las mujeres lesbianas negras no era suficiente, éramos distintas. Cada una de nosotras tenía sus propias necesidades y sus objetivos y alianzas muy diversas. La supervivencia nos advertía a algunas de nosotras que no nos podíamos permitir definirnos fácilmente, ni tampoco encerrarnos en una definición estrecha… Ha hecho falta cierto tiempo para darnos cuenta de que nuestro lugar era precisamente la casa de la diferencia, más que la seguridad de una diferencia particular».

El feminismo radical durante los años sesenta popularizó la consigna «organízate en torno a tu opresión» llamando a las mujeres a organizarse en el feminismo. bell hooks fue una de las primeras en problematizar esta consigna. bell hooks aplaude el llamado a la empatía, pero planteó unas cuantas preguntas: ¿qué es lo que oprime a las mujeres? ¿Existe una sola opresión? ¿Cuál es? ¿Es la opresión por jerarquía sexual la más violenta de todas? ¿Qué es realmente estar oprimida? Y fue enfática en señalar que este posicionamiento político es la excusa que muchas mujeres privilegiadas necesitaban para ignorar los privilegios que les dan la clase y la raza. Bajo esta consigna niegan que tengan privilegios, incluso hoy en día hay feministas radicales que afirman que las mujeres no tenemos ningún privilegio en el patriarcado, quizás como mujeres no, pero como blancas y de clase media/alta, desde luego que sí. Las feministas radicales usan la premisa de que todas las mujeres estamos oprimidas para sostener que el sufrimiento no puede ser medido y que las mujeres no tenemos ningún privilegio. Sin embargo, como lo han mencionado feministas de color a lo largo de la historia, una mujer puede vivir discriminación sexista y al mismo tiempo ser una racista de mierda que explote a la trabajadora del hogar. Vivir sexismo y ser al mismo tiempo opresora no es un oxímoron. Ser blanca y decir que eres oprimida sólo por ser mujer, sí. No puedes pertenecer a un grupo históricamente privilegiado y decir que eres oprimida. Hay que tener tantita madre. Para ser oprimida tienes que estar atravesada por al menos dos sistemas de opresión y no pertenecer a ningún grupo históricamente privilegiado. Es matemático. Es como una ecuación. Si eres blanca y mujer y de clase media, vives discriminación y sexismo. Si eres negra y de empobrecida, vives opresión. Si eres mujer y empobrecida, vives opresión.

> Si teorizamos desde el privilegio, proponemos soluciones
> que reproducen sistemas de opresión.

Quizás las mujeres compartimos experiencias de discriminación sexista y de violencia misógina y de situaciones machistas pero las diferencias de clase y raza nos separan en experiencias vitales. Es claro que sí existen mujeres privilegiadas y no es tan difícil darse cuenta: Los privilegios no se tratan de cómo te beneficias del sistema sino de cómo el sistema te beneficia a ti. bell hooks va más allá, desmenuzando la jerarquía sexual y afirma que el sexismo nunca ha determinado de forma total la vida de todas las mujeres. Dice: estar oprimida es carecer de opciones y en este mundo muchas mujeres pueden elegir —por imperfectas que sean sus elecciones— y acceder a derechos que otras no y comprar libertades. Entonces, si una mujer puede tomar decisiones y acceder a derechos y comprar libertades su experiencia se llama discriminación o explotación o violencia sexista, no opresión. bell hooks lo dice con una honestidad brutal, ella como negra, pertenece a un grupo oprimido (raza) y vive discriminación sexista. Su opresión no está en las relaciones patriarcales sino en la historia de esclavitud de su raza. Si tú eres una mujer blanca/mestiza/con el pasar por blanca y de clase media o alta no estás oprimida, porque puedes elegir, porque puedes tomar decisiones, porque tienes acceso a muchos derechos. Tu experiencia se llama discriminación sexista o violencia machista. Hay que ser honestas con nosotras mismas.

> Si teorizamos desde las lágrimas blancas, invisibilizamos
> sistemas de opresión.

El feminismo del cuarto propio ve en la maternidad un atraso o una esclavitud. Y llama a las mujeres a dejar de reproducirse y, si se reproducen, a ser malas madres. Claro, siempre y cuando mala madre signifique dejar a las crías con la nana precarizada para desarrollarse profesionalmente. La teorización desde la apuesta radical sobre la maternidad es perfecta para ejemplificar que no es sólo que el feminismo radical sea problemático teóricamente, sino que esas deducciones sesgadas tienen repercusiones en la agenda. Este feminismo, al ver la maternidad como una suerte de opresión, enfoca demasiada energía en el tema del aborto; sin embargo, ni siquiera un tema tan importante como su despenalización forma parte de una agenda universal. Para muchas mujeres el problema no es el aborto, son las esterilizaciones forzadas. Para las mujeres racializadas parir es un acto de resistencia en contra de los procesos de limpieza racial. Parir es perpetuar su estirpe guerrillera. Parir es ir contra lo establecido que establece que hay que mejorar la raza. Parir es escupirles en la cara a los racistas que las quieren infértiles.

> Teorizar desde el privilegio de raza, perpetua el exterminio racial.

Para el feminismo radical la familia es un eje de opresión y una institución que debe ser abolida. Si bien las feministas racializadas han cuestionado la violencia domestica e intrafamiliar, reconocen que al mismo tiempo a la familia es un lugar de refugio ante el racismo que viven en el espacio público. También es una continuidad de la comunidad y cuidar de la familia es cuidar de su raza. Los cuidados son entonces una defensa radical contra el racismo que amenaza sus vidas.

> Teorizar desde la experiencia de privilegio, despotiza la potencia de los cuidados como resistencia a la opresión.

¿Por qué le aplaudimos tanto a Andrea Dworkin, que no es una teórica sino una ensayista, y no le damos el mismo valor a Angela Davis que tiene análisis teóricos extraordinarios sobre el complejo carcelario? ¿Por qué damos por hecho que todas las mujeres estamos oprimidas si muchas de nosotras podemos tomar decisiones, por imperfectas que sean? ¿Por qué no escuchamos a bell hooks cuando dice que no todas las mujeres están oprimidas porque estar oprimida es no tener opciones? La invisibilización también es racismo.

Como pudimos ver a lo largo de este texto los análisis de las mujeres de los zulos son teóricamente más pulcros y conceptualmente más elaborados. Hablar de intersección de opresiones es más concreto y brillante que hablar de patriarcado. Hablar de multiplicidad de experiencias es más cercano a la realidad que hablar de opresión común. No es casual que las ideas más geniales se les ocurran a mujeres de los zulos porque la experiencia orgánica, el tener que rifártela constantemente para hacerle frente al racismo y a la precariedad, generan procesos teóricos más elaborados. El problema de teorizar desde los cuartos propios no sólo es dar continuidad a la colonialidad del saber ni la invisibilización racista ni que sus aportes sean teóricamente insostenibles. Es que se proponen soluciones desde ahí. La agenda del feminismo del cuarto propio está formulada a partir del privilegio y cuando voltean a ver a las otras a partir del síndrome de la salvadora blanca: ¡pobres niñas nigerianas, urge la ayuda internacional en su país para que las salven de esos machos salvajes! O desde el moralismo: ¡nada que le pare la verga a un hombre es empoderante, perrear no empodera, no importa lo que las negras digan! O desde la mezquindad: ¡el problema son las putas, no entienden que vender la pucha nos afecta a todas! O desde sus intereses personales: ¡necesitamos más mujeres en puestos de toma de decisión! O desde la reproducción del racismo: ¡Hay que quitarle el hiyab a las moras! O desde el clasismo: ¡pedimos que el acoso callejero por parte de albañiles sea castigado con cárcel!

> Si teorizamos desde los privilegios de clase y raza, proponemos agendas que reproducen sistemas de opresión como el racismo y clasismo.

La agenda del feminismo de los cuartos propios ha sido hegemónica. El voto. El acceso a puestos de mando. El acceso a la educación universitaria. El control de la natalidad... Hay más mujeres publicando libros. Hay mujeres soldado. Hay mujeres cancilleres. Hay mujeres en la política. Y el feminismo de los cuartos propios ha priorizado sus agendas y se ha olvidado de las mujeres de los zulos. ¿Cuántas feministas van a las marchas del Black Lives Matter? ¿Cuántas protestan contra los programas sociales que esterilizan indígenas? ¿Cuántas se suman a la exigencia de la abolición de las políticas de extranjería en Europa? ¿Cuántas respaldan la lucha de las parteras tradicionales y la defensa por el agua y el territorio? ¿La lucha palestina por seguir pariendo rebeldes contra la ocupación? ¿Cuántas denuncian el racismo en la prohibición del hiyab en espacios públicos en Europa? Por ello miles de mujeres de los zulos no ven nada liberador en el feminismo, porque el feminismo no les está resolviendo nada. Es hora de escuchar las voces de las mujeres sin cuarto propio y de las que escriben sentadas en la banqueta escuchando a Jenni Rivera y tomándole a la caguama directo de la botella. De las que defienden la tierra y su derecho a parir criaturas de ojos rasgados. De cuestionar quién limpia las paredes rayadas en nuestras marchas y de cuestionar sobre qué hombros recae la liberación de las que más tienen. Es hora de escuchar los aportes de las feministas racializadas y tomarlos en serio y preguntarles: ¿en qué te puedo ser útil? Si teorizamos desde la matriz de opresiones, las experiencias de clase y raza no tienen por qué separarnos. Necesitamos una agenda feminista desde los zulos, porque como dice la feminista musulmana Wadia N Duhni: «La humanidad nos ha fallado, ¿vamos a fallarnos también entre nosotras?».

Notas de la autora:

La introducción de este texto está basada en la introducción de *Teoría King Kong* de Virginie Despentes. Quiero agradecer a las autoras y recopiladoras de los libros que fueron la base teórica de este libro y de mi postura política: *Descolonizando el feminismo: teorías y prácticas desde los márgenes*, *Otras inapropiables: feminismo desde las fronteras*, *Esta puente, mi espalda: voces de mujeres tercermundistas en los Estados Unidos*, *Tejiendo de otro modo: feminismo, epistemología y apuestas descoloniales en abya yala*, *La invención de las mujeres: una perspectiva africana sobre los discursos occidentales del género*, *Feminismos y poscolonialidad: descolonizando el feminismo desde y en América Latina*, *Feminismo negro, una antología*, *Feminismo para principiantes*, *El patriarcado al desnudo: Tres feministas materialistas*, *Devenir perra*, *Un zulo propio*, *Malditas*, *Hilando fino desde el feminismo comunitario* y *Filósofos y mujeres*. También quiero dejar bien en claro que si bien, por mi contexto de crecer en un zulo, no le entendía al feminismo hegemónico, tampoco sabía cómo verbalizarlo o teorizar sobre esa incomodidad y aversión que me causaba. No tenía las herramientas epistemológicas ni los aparatos críticos. Los encontré hasta que empecé a leer autoras negras y de color. Entonces digo con toda claridad que, aunque mi experiencia es orgánica porque me atravesó el cuerpo, la claridad para teorizar sobre estas experiencias y explicar el disentimiento con el feminismo blanco en palabras académicas se lo debo a autoras y activistas como Ángela Davis y María Lugones y Rita Segato y bell hooks y Gloria Anzaldúa y Chela Saldoval y Audre Lorde y Yuderkis Espinosa y Ochy Curiel y Sirin Ablbi Sibai y Wadia N Duhni y Julieta Paredes y Daniela Ortiz y Patricia Hill Collins y Kimberle Crenshaw y Gayatri Spivak y Valeria Angola y Kerly Garavito y Jennifer Rubio.

HACER(NOS) CASITA

Diana del Ángel

Diana del Ángel (Ciudad de México, 1982) es escritora y defensora de derechos humanos. Doctora en Letras con la tesis *Cuerpos centelleantes. La corporalidad en la obra poética en la obra de Rosario Castellanos, Enriqueta Ochoa y Margarita Michelena*. Ha publicado *Vasija* (2013), *Procesos de la noche* (2017), *Barranca* (2018) y artículos en diversas revistas y medios digitales. Miembro del Seminario de Investigación en Poesía Mexicana Contemporánea desde octubre del 2016. Ha sido becaria de la Fundación para las Letras Mexicanas de 2010 a 2012 y del FONCA, en su programa de residencias artísticas. Obtuvo la primera residencia de creación literaria Fondo Ventura/Almadía. Desde 2002 hasta 2017, formó parte del taller «Poesía y silencio». Algunas de sus traducciones del náhuatl al español han sido publicadas por la revista *Fundación*. Recientemente fue seleccionada para formar parte de la residencia IWP (International Writing Program), a realizarse en la Universidad de Iowa en 2021.

Epígrafe a modo de conjuro

Escribo para las que como yo se han ignorado toda la vida, para las que han callado y luego gritado a solas, para las que esperan al amor de su vida, para las que ya se cansaron de esperarlo, para las maestras feministas, para las que odian al feminismo, para las que se sienten feas pero quieren ser deseadas, para las que han comprendido que las batallas de tú a tú son para todas; para las desesperadas, las locas, las marginales, las que lo han perdido todo y sin saber cómo han empezado un nuevo día, para las humilladas, las poderosas, las niñas rotas, para encontrar un yo que no sea sólo mío, para nosotras escribo.

(Volver cada que sea preciso)

I

Entrar a la preparatoria significó involucrarme en el activismo estudiantil universitario. En 1998 hubo un huracán en el estado de Tabasco, así que junto con otros estudiantes organizamos un acopio de víveres. A partir de ahí surgió un pequeño colectivo sin nombre, que también era un grupo de amigos. Ese mismo año corrió el rumor de que la Universidad Nacional Autónoma de México reformaría su Reglamento General de Pagos para imponer cuotas por la educación que brindaba. Nuestro pequeño colectivo se encargó de difundir en la escuela la información en torno al RGP y de impulsar las acciones que derivarían en la huelga estudiantil de 1999.

Una pensaría que en los colectivos de jóvenes activistas, cuyas consignas hablan de libertad y de igualdad para todos, el tema de la equidad de género sería uno de los más urgentes, pero no. Una pensaría que las mujeres que formamos parte de esos colectivos seríamos las primeras en hacer hincapié en la necesidad de actuar de un modo distinto, pero no siempre fue así. La revolución debe de hacerse, lo de las mujeres vendrá después, por añadidura. La historia no es nueva: en 1789, cuando los revolucionarios franceses dieron a conocer la Declaración universal de los derechos del hombre y del ciudadano, omitieron a su contraparte. De ahí que Olympe de Gouges lanzara en 1791 su Declaración de los derechos de la mujer y de la ciudadana; claro que se refería a mujeres blancas, de clase media; habría que esperar más de cien años para que aprendiéramos a escuchar a las mujeres negras y de Abya Yala.

Nosotros no éramos revolucionarios. Teníamos entre quince y dieciocho años. Queríamos cambiar las cosas; pero reproducimos prácticas de dominación. El HCGG, Honorable Consejo de Gañanes y Gandallas, fue un subgrupo creado por los huelguistas varones cuando todavía no cumplíamos ni un mes de huelga; sus actividades se extendieron de manera esporádica y difusa a lo largo de los nueve meses y medio. Aunque nunca lo expresaron de manera clara, el grupo detentaba una moral macha, cuyas antagonistas eran las mujeres y los que no encarnaban al macho alfa, y torcidamente proletaria —sobre esto no abundaré, pero apuntaré que los «enemigos» eran los denominados «fresas»—.

Sus acciones se limitaban a someter —así decían— a quienes contravinieran de algún modo sus gustos, humor y reglas impuestas, sustentadas en esa moral macha-proletaria. Entre risas y tonos festivos el enjuiciado era metido en un tambo de plástico, que luego era hecho rodar por la pequeña explanada de la preparatoria; a veces rellenaban el tambo de leche o pintura podrida, la inventiva de los adolescentes florecía en estos casos. También era común colgar al condenado de las piernas en el cubo de las escaleras. Otra opción era encerrar al desafortunado en los torniquetes de la entrada de la escuela y ejercer la presión suficiente para que su cuerpo quedara prensado entre los barrotes. Sobra decir que muchos de quienes fueron atacados en estas circunstancias dejaron de ir y apoyar la huelga, lo cual era tomado por los miembros del grupo como una confirmación de la poca valentía y hombría de estos compañeros.

En este grupo se reproducía un esquema vertical, donde los que no eran líderes también habían sido o serían sometidos. A pesar de la amenaza constante de ser humillados, casi todos los hombres que participaban en la huelga formaron parte de ese consejo; así aspiraban a legitimarse frente a sus congéneres y compensar su vergüenza sometiendo a quienes no formábamos parte del grupo. El núcleo del HCGG, el mismo que el del Comité de Lucha, se constituyó en un grupo de vigilancia que dictaba la forma de convivir y reprimía las diferencias siempre por la fuerza; su puesta en escena legitimó la agresión y el machismo. Mi relación de pareja, con uno de los líderes, se articulaba bajo esa misma dinámica de dominación. Lo personal es político, pero la adolescente que era ni siquiera conocía esa frase. Entonces también creía que los conflictos personales se deben mantener al margen de las demandas políticas y sociales.

Entre los atacados por el HCGG estuvieron compañeros que, con el paso de los años, salieron del clóset, pero cuya disidencia sexual era notable desde entonces; alguno que otro compañero que hoy sería etiquetado como miembro de una nueva masculinidad. En suma, eran hombres que cuestionaban con su sola existencia el estereotipo de macho, que los miembros del grupo se esforzaban por cumplir. Atacaron también a dos compañeras, ambas líderes dentro del movimiento: amenazas para ellos. Durante su existencia el HCGG nunca me atacó, porque me percibía inofensiva: sólo leía y hablaba poco en las asambleas. No está demás decir que dentro de la moral machaproletaria la literatura no sirve porque no hace la revolución.

La violencia e impunidad ejercidas por el HCGG sólo podían entenderse en el contexto de una sociedad cuyo gobierno —estatal y federal— más tarde haría entrar a la Policía Federal Preventiva a Ciudad Universitaria, violaría a las mujeres en San Salvador Atenco en el 2004 y contemplaría, ineficaz, las miles de desapariciones y feminicidios. Los individuos se sienten arropados por el gobierno y éste se nutre de ellos. Previsiblemente, varios integrantes del HCGG —dejando atrás «rebeldías juveniles»— pasaron a formar parte del ejército, de la policía y del PRI. Otros aún deambulan en esa amplia bruma que es la izquierda en México. Todos ellos eran amigos y compañeros de nosotras en la lucha; con ellos hacíamos guardias, íbamos a volantear, asistíamos a las reuniones del CGH, marchábamos juntos —en la calle codo a codo, dice el poeta—. Durante esos nueve meses ellos fueron las personas con las que más convivimos, algunos de ellos fueron nuestras parejas. Todos se decían jóvenes conscientes.

Interludio a modo de conjuro

para encontrar un yo que no sea sólo mío, para las que se quedaron calladas y hablaron hacia adentro, para las que murieron palabra no dicha, para las que encontraron hermosa, única, brillante su historia y no quisieron compartirla, para las que cada día remiendan sus heridas, para las que a diario ajustan sus fragmentos, para quienes saben que la tarea de reconstruirse desde los pedazos después de una perpetración será de por vida, para quienes se han reconstruido, para las que nos miran sin lástima, pero sin comprensión, para las que gritan a los cuatro vientos sus descalabros y para quienes prefieren guardarlos en sus entrañas, para las que son cuerpo territorio, batalla lengua, para nosotras escribo.

(Volver cada que sea preciso)

II

Si dejara de contar aquí todo sería más sencillo. Lo blanco y lo negro serían distintamente injuntables. Sin embargo, en cierto modo, los miembros del HCGG sí eran jóvenes conscientes. Es decir, como activistas y estudiantes defendieron la educación pública y gratuita en un contexto de privatización. Recibieron igual los golpes de los granaderos, fueron encarcelados y perseguidos; en mi escuela la mayor parte del tiempo fue un hombre quien se hizo cargo de la cocina, barrían la escuela y limpiaban los baños. No creo, por otro lado, que tuvieran un plan de trabajo para agredir; simplemente actuaban naturalmente, como buenos hijos del patriarcado.

También yo nací hija del patriarcado. Crecí en el Estado de México. La violencia es otra forma de mi infancia. Me era imposible hacer una crítica de nuestras prácticas de poder tanto como aceptar que estaba siendo violentada en mi relación de pareja. Si mis compañeros se sentían revolucionarios, yo no me quedaba atrás. Yo me sentía una mujer liberada porque no usaba tacones, ni ropa femenina; no me importaba —eso decía— estar gorda; fumaba, decía malas palabras, y, muy importante, amaba sin estar sujeta a las órdenes de la sociedad: el amor no necesita compromisos —«Dejemos que todo fluya»— ni puede encajonarse —«¿Para qué etiquetar lo nuestro con palabras como noviazgo?»—. El punto culminante de esta imagen que me mantuvo en la adolescencia se cifraba en la divisa: «Yo no soy como las otras».

Para llevar a la práctica esa consigna personal durante la huelga, me propuse no ser tratada como mujer, es decir, no trabajar en la comisión de cocina. Mi concepción de las mujeres era también machista, pero entonces no lo advertía. Con el paso del tiempo he visto que muchas de las mujeres que han escalado puestos en instituciones educativas, culturales y de gobierno, son, valga la contradicción, muy viriles; algunas sólo en su actitud y otras incluso en la apariencia física. Rosario Castellanos señaló la vigencia de esta paradoja, como si la única manera de entrar en el mundo de la cultura fuera sacar al hombre que todas llevamos dentro. Para la adolescente que era, ése me pareció el mejor camino, tal vez el único, y hacía todo lo posible por legitimarme y ser integrada en el mundo masculino.

Según Marcela Lagarde y de los Ríos: «Entre mujeres, ver la paja en el ojo ajeno y no ver la viga en el propio es, más que una forma lógica de pensamiento, una actitud de salvaguarda de la propia imagen ante la posible contaminación». Lo importante era construirme distinta de las otras, como si esa singularidad me garantizara inmunidad ante el ataque. Como era de esperarse, la idea que tenía sobre mí se quebró, entonces fue necesario verme en quienes yo consideraba las otras. Detrás de las muchas vigas encontré un rostro más fiel de mí misma, que reflejaba una colectividad de mujeres con las que comparto, desde hace generaciones, triunfos y fracasos. Nací hija del patriarcado, pero me rebelé.

Hablar sobre las otras en la huelga no es sencillo, pues implica exponer un lado mío que no me enorgullece. Sin embargo, este ensa(yo) quedaría incompleto. No recuerdo a qué altura —antes de julio— llegó un grupo de compañeras que fueron bautizadas como Las pañales. Aunque no lo recuerdo con claridad, estoy segura de que el artífice de ese apodo fue uno de los miembros del HCGG. Estas compañeras —quizá cinco o seis— compartían entre sí la extracción clasemediera, usaban maquillaje, vestían a la moda y, por la relación con sus padres, pocas veces se quedaron a hacer guardia nocturna en la escuela. En cambio, colaboraban en las guardias diurnas, participaban de las labores domésticas necesarias y organizaron talleres de verano para los niños de las colonias aledañas a la escuela.

Su llegada supuso la oportunidad de poner en juego la competencia femenina, piedra angular del machismo. Ellas fueron infantilizadas y feminizadas, mediante ese apodo y el trato consecuente; el objetivo: anularlas como sujetos políticos. Las compañeras que no éramos parte de este grupo éramos, a ojos de los varones, Rudas, que en la escala moral macha-proletaria era el grado más alto al que podía aspirar una mujer. Me avergüenza reconocer que ser considerada bajo ese término era un bálsamo para mi existencia seriamente amenazada por la depresión y la violencia. Si bien, nunca llamé «pañales» a las compañeras, no sólo no las defendí de los ataques, sino que nunca me acerqué a ellas.

Con la licencia que da el subjuntivo, me imagino qué habría pasado si me hubiera acercado. Desde luego habría descubierto que la línea divisoria entre «nosotras» y las «otras» es tan fina o gruesa como nuestros prejuicios la delineen. Concretamente, imagino que si todas hubiéramos dado un paso hacia las otras, habríamos sido una fuerza política. No se trata, desde luego, de ignorar las diferencias. Hay muchas cosas que no compartía (ni comparto) con ellas, las otras: la condición de clase, las perspectivas profesionales, la idea y práctica de feminidad. Y eso está bien. Ser una fuerza política no implica amistad (con todo lo que valoro ese vínculo), sino negociación. Quizá no hubiéramos llegado a ser amigas, pero habríamos podido ser mujeres organizadas.

En «Reconstructoras del tiempo y del espacio», a partir de la cita de Marcela Lagarde, Gabriela Damián Miravete sugiere: «Las mujeres, pues, tememos contaminarnos de aquello que representan las otras, eso que no queremos ser». En realidad habemos muchas otras. Las fresas, las radicales, las trans, las lenchas, las camioneras, las moderadas, las princesitas, las feministas, las de los pueblos originarios, las universitarias, las académicas, las artistas, las podría continuar hasta llenar páginas y páginas. Yo soy otra para las otras. No creo que tenga mucho en común con alguna ex-primera dama, por poner un ejemplo extremo. Sospecho que mis diferencias (que no mis simpatías) serían igual de grandes que con respecto a una mujer trans o a una tseltal organizada. Sin embargo, pediría justicia para cualquiera de ellas, siempre que sus derechos, su vida y su integridad fueran vulnerados por el hecho de ser mujer. Si bien en un contexto de racismo, clasismo y violencia estructural hay mujeres en mayor riesgo que otras.

Recientemente he podido experimentar esta negociación en el surgimiento de algunas colectivas, posteriores al #metoo, donde nos fue posible escuchar la nuestra palabra —un mínimo común, propone Damián Miravete— a partir del dolor, la solidaridad, la necesidad de sanación, la puesta en marcha de un lenguaje distinto para nombrarnos y nombrar nuestras historias. Había más cosas, desde luego, sin embargo éstas fueron esenciales en la construcción de las comunidades que conformamos. Visto así, no fue una negociación en forma —un te doy, me das, cedo aquí, pido acá— sino un pacto espontáneo generado por uno de los picos de violencia contra las mujeres en México, que de cuando en cuando nos embisten y nos hacen pensar que ya no es posible llegar más alto. No obstante, este balance es frágil de mantener; se requiere apertura, empatía, voluntad y no siempre estamos todas en sintonía. No es fácil construir a contracorriente de una cultura patriarcal, donde la rapiña y la disputa por el control suelen ser la medida que articula las relaciones humanas. Hemos tenido tropiezos y seguramente tendremos más.

No obstante, me gusta pensar que esos encuentros han generado —y lo seguirán haciendo— movimientos internos que tarde o temprano nos juntarán nuevamente en el acuerdo y recuerdo de nuestra palabra. En la primaria, cuando una quería cambiarse y tenía miedo de ser objeto de burla o de morbo por estar en ropa interior, incluso cuando querías hacer de la pipí, no faltaba la niña que decía: «Te hacemos casita». Y así pasaba, las que estaban cerca atendían el llamado, formaban un círculo y protegían la intimidad de una, porque sabían que tarde o temprano estarían en ese lugar. Este gesto de acuerpamiento entraña algo de la espontaneidad que nos convoca a ser juntas un hogar de cuidado en situaciones de peligro. Quizá sólo se trate de descubrir el mecanismo oculto detrás de un acto tan simple como potente para encontrar un nos(otras) donde quepamos todas.

Epílogo a modo de conjuro

escribo gracias a mi abuela que no sabía leer ni escribir, gracias a mi tía que encontró en la soledad su manera de ser fuerte, gracias a mis primas que no estudiaron para ayudar en la casa, gracias a mi bisabuela que en náhuatl no le temía a nada, gracias a mi madre que me dio la vida y después volvió a dármelo todo; escribo por mis otras tías que hicieron del matrimonio su espacio, por todas mis abuelas que desde su lengua lejana me soñaron libre; escribo para mis descendientas, poderosas niñas hierba, para la hija que quizá me entregue la vida, para encontrar un yo que no sea solo mío, para nosotras escribo

(*Volver cada que sea preciso*)

Herencias textuales

Castellanos, Rosario. *Sobre la cultura femenina*. México: FCE (Letras mexicanas), 2005.

Damián Miravete, Gabriela. «Reconstructoras del tiempo y el espacio». *Tierra adentro*, https://www.tierraadentro.cultura.gob.mx/las-reconstructoras-del-tiempo-y-el-espacio/ (Consultado el 13 de enero del 2020).

Lagarde y de los Ríos, Marcela. *Los cautiverios de las mujeres madresposas, monjas, putas, presas y locas*, México: UNAM, 1993.

Oliver, Mariana. «El feminismo es para la buena vida. Entrevista con Francesca Gargallo». *Cuadrivio*. http://cuadrivio.net/dossier/el-feminismo-es-para-la-buena-vida-entrevista-con-francesca-gargallo/ (Consultado el 13 de enero del 2020).

Agradezco mucho a Mariana Oliver, Marina Azahua, Aurelia Cortés Peyrón y Gabriela Jauregui por sus lecturas y palabras sobre las distintas versiones por las que transitó este texto.

A MARES SOBREVIVIREMOS: METÁFORAS DEL DOLOR TRANS'*

Lia García (La Novia Sirena)

---

* La virgulilla que acompaña la palabra trans' hace referencia a la proliferación de experiencias identitarias de tránsito/transmutación que nos habitan a las personas trans'. Es un modo afectivo en la escritura de abrazar todas nuestras experiencias y expresiones de género que fluyen, y no reducirlas a categorías rígidas que solamente van de un punto a otro. La virgulilla representa al viento, el movimiento, la comunicación expandida en los códices primigenios de nuestrxs ancestrxs, donde las personas trans' existimos. La experiencia trans, es trans' porque abre un mundo de posibilidades fragmentadas de habitar el cuerpo, el género, la sexualidad y la espiritualidad.

Lia García (La Novia Sirena) (Ciudad de México, 1989) es pedagoga, escritora y artista del *performance*. Aprendiza feminista y activista trans'. Amante de hacer perfumes con flores curativas. Junto con Jessica Marjane cofunda la Red de Juventudes Trans en 2016 y en 2019 con su compañerx de vida Canuto Roldán el archivo de literatura infantil y juvenil LGBTIQ+ *Trans*Marikitas*. La apuesta política y pedagógica de Lia ha sido por más de diez años, un trabajo con los afectos y la ternura radical, principalmente en espacios de complejidad que socialmente se entienden como encierros (cárceles, escuelas, mercados, comunidades sobrevivientes a la guerra armada y hospitales, entre otros). El activismo de Lia parte de la piel y transita al arte entrecruzado por la poesía expandida. Ella detona una pedagogía intensa del amor que recupera el sentido afectivo de nuestros cuerpos y subjetividades, alejándose de procesos racionales y teóricos para emanar un proceso colectivo de justicia restaurativa que permita que los cuerpos trans' y de la feminidad disidente sanen y materialicen todos los mundos posibles que habitan sus sueños.

Soy una mujer de agua, dicen mis ancestras. Hija de Oshún, la madre de todos los ríos que corren, fluyen y mueren convirtiéndose en mar, agua-Yemayá. El agua es mi refugio contra todas las tristezas y todas las rabias porque ahí me siento libre; todo fluye en ella, como dentro de mi cuerpo y mi género. Todo es transparente como yo y mis hermanas que damos la cara en nuestro día a día a pesar del insulto y el escarnio por fugarnos de las normas impuestas por el patriarcado colonial. Alguna veces es turbia como el tornado que siento cuando me hacen sentir que no pertenezco, que el mundo no es para cuerpos como el mío y que mis pasos se traducen en un riesgo que me puede hacer no regresar nunca más a mi casa. El agua todo me lo da. Cuando dejo que mi cuerpo flote siento un abrazo de la naturaleza a todas las heridas que carga este cuerpo sobreviviente de una colonización voraz y de un patriarcado que aplasta. Después de flotar me doy cuenta de que comienzo a convertirme en una sirena porque puedo sumergirme, moverme con cadencia y de distintas formas en el agua. Nadar a contracorriente, sentir las corrientes frías y cálidas y, sobre todo, enfrentar las olas grandes que me han enseñado que para cruzarlas hay que sumergirse hondo o bien, nadar hacia ellas. El agua ha sido mi casa desde pequeña, ahí aprendí a mirar todo mi cuerpo y abrazarlo con ternura; aprendí a desnudarme, a dejarme caer, a descubrir el mundo del abajo, donde están las raíces y sobre todo a no tenerle miedo al abismo por más oscuro que sea, porque para ser abismo, hay que tragar luz.

Pensar en el mar es pensar también en todas las sirenas que el mar se llevó para que hicieran de la profundidad su casa. Dicen que hundirse es hacerse profunda y escribir esta historia en primera persona y con toda la ternura radical que tengo sembrada en la lengua me lleva a esa profundidad y a encontrarme con ellas, sonreírles, tocar sus cabellos, sentir nuevamente su piel y decirles que acá en el mundo no las hemos olvidado, que hacemos todo lo que podemos por cuidar a sus familias elegidas, por tener sus rostros en nuestros altares y por decir sus nombres todas las mañanas antes de salir al mundo cargando la posibilidad de que puede ser el último día, pero plenas por saber que si sucede, ellas nos recibirán en su profundidad.

Cuando viajo a lo profundo, deseo decirles que sus nombres son las semillas de nuestra rabia, de nuestra furia trans' y de toda la memoria que intentan despojarnos cuando gritamos que queremos ¡Vida, Memoria y Justicia! en las calles, en las escuelas, en los mercados, en los rincones de los hoteles, en las avenidas con tráfico, en los vagones del transporte, en los oídos de las personas que deciden no escuchar aunque nos miran. Ahí estoy, estás y estamos presentes, en el eco de lo vivido.

Yo soy esta mujer que escribe y te invito a ti que estás abrazando estas letras a que me nombres con el nombre que tú quieras; el que te recuerde más a una hermana de las que se llevó el mar a la profundidad o, tal vez, con todos los nombres que te hubiera gustado ponerte cuando niña, niñe o niño. Nómbrales y seguramente se manifestarán aquí, en la casa, la cama, el transporte, la plaza, el parque o cualquier lugar desde donde estás abrazando mis letras. Susurra el nombre que tienes para mí, eso me llenará de ternura, porque ¡qué sería de este mundo sin la posibilidad de transitar una y otra vez cual serpiente que tira su piel para dejar huella de lo que era y volvió a ser, aun con todo el dolor que le implicó y con toda la sabiduría de convertir el veneno en antídoto! ¡Qué sería de este mundo sin la existencia de las sirenas que para convertirnos en sirenas tuvimos que aprender a hacer de nuestro dolor, nuestra fortaleza y lo más precioso, que ahora abrazamos para andar nuestros pasos!

Otra de las cosas más valiosas que me enseñó el mar fue a recordar la sabiduría de mi abuela Virginia. Ella, de joven, se dedicaba a buscar perlas en las orillas de los mares de Puerto Ángel, donde las piedras abrazan el último momento de las olas. Ahí se encontraban aquellos moluscos de caparazón negro y rasposo intentando camuflajearse con las piedras para que nadie conociera su verdad: la de aquellos seres de orillas y pasos lentos, que habían tardado años en llegar al intersticio entre la arena y el agua para bañarse de sol por algunos días, antes de volver a lo profundo y celebrar la sobrevivencia del tránsito. Esos seres, decía mi abuela, tenían en su interior el secreto más grande que toda sirena debía saber: las perlas que parían eran resultado de todo su dolor. Recuerdo que la primera vez que mi abuela nos contó esta historia a mi hermano y a mí, sacó de su cajón una cajita llena de perlas de todos los tamaños y formas, unas quince perlas brillantes. Mi mamá solía dejarnos en su casa por algunos días cuando tenía que salir a trabajar a otros pueblos. Mi abuela nos acostaba en su cama, que era grande, y encendía una vela para que nos arrulláramos con la luz. Para ella la luz era lo que nos podía guiar a los sueños. Aquella primera vez ella nos contó que esas perlas se las había dado su madre y que, al igual que su abuela, todas las mujeres de la familia guardaban perlas porque habían aprendido a hacer de su dolor su más preciado tesoro. Para mí ese momento fue muy fuerte porque, con tan sólo seis años de edad, aún estaba presa de una masculinidad que me estaban imponiendo y dentro de mí sentía un profundo dolor por saber que las perlas nunca iban a poder ser para mí, aunque todo cambió inesperadamente cuando crecí y decidí abrazar las perlas de mis ancestras con tanta intensidad.

«Las perlas, mijos, no son cosa de elegancia. Las perlas encierran un misterio que sólo puede ser develado a quienes han aprendido a ver la vida con los ojos llenos de agua, como nosotras. Para que una perla nazca del molusco que la lleva en su interior, tienen que pasar diez años. Alrededor de diez años tarda un molusco en recubrir de nácar la bacteria que ha rasgado su frágil interior esponjoso para encapsularla y hacer de su herida una perla, y otra y otra perla». ¿Se imaginan lo que se siente cuando abres un molusco y te encuentras con la memoria de sus heridas convertidas en perlas preciosas y brillantes? Perlas lisas que no dañan su interior, sino que lo abrazan pero que al mismo tiempo la ponen en riesgo por la sed que tiene este mundo de lucrar con ellas, con sus heridas. Despojarlas de sus procesos de dolor, de sus cicatrices, y venderlas al mercado de las joyas que exhiben en sus blancos cuellos la historia de nuestro dolor encarnado. Sí, abuelita: ¡cuánto nos enseñaron aquellas perlas tuyas! Pequeñas pero dotadas de una fuerza enorme, muy enorme como el grito de nuestra resistencia trans'. Escribo esta historia mientras en mi cuello cae un largo collar de perlas, abrazando la manzana de Adán que aún persiste en mi cuello y que me recuerda al niño que algún día fui, incluso a mi padre y a mis abuelos que, aunque fueron duros conmigo y me despojaron del amor cuando decidí despedirme de esa masculinidad generacional, me acompañan. Estas perlas son el resultado de mi dolor. De todo lo que hago con la memoria viva de mis heridas y mis cicatrices: «Aquí dolió. Aquí sano. Y aquí se transformará». Estas perlas me pertenecen, las reclamo al cis-tema patriarcal y misógino que intenta despojarnos de nuestras historias de dolor y borrar el archivo del dolor; lucrar con él y venderlo para exhibirlo en los mejores diarios amarillistas donde nuestros cuerpos yacen desgarrados, torturados y mutilados sin siquiera reconocer nuestras identidades femeninas, sino devolviéndonos a lo que el Estado siempre ha querido que seamos bajo su dominio masculino. Estas perlas son un grito de verdad que hablan de mi desobediencia femenina, de mi trans'cestralidad que me conecta a todas esas mujeres que siempre me abrazaron con su mirada para recibirme en el momento en el que decidí convertirme en una sirena, ellas que vieron mi nacimiento femenino en el agua, desde el agua y para el agua, añorando lo precioso de la ambigüedad y de esta voz profunda que atrae para guiar y recordar una por una todas las vidas de todas las sirenas que descansan debajo de esta claridad que me ha devuelto a la certeza de que mi existencia es resistencia y de que esta mujer que soy yo, simplemente es porque una noche, cobijada por sus lágrimas, se miró en el espejo y dejó de temerle a su propia yo. Gritó su nombre y nunca más soltó a esa niña que nació entre perlas, canciones del agua y justicias que se tejen al compás de un son.

Dicen que los seres humanos sólo han explorado el 20% de las aguas y que dominan el 30% de las mismas con las capacidades que les dota la racionalidad de su especie. Cuando digo esto me devuelvo a las historias nocturnas de mi abuela en aquella recámara que para mí y para mi hermano olía a «abuelita». Nunca pudimos definir ese olor pero era una especie de madera combinada con olor a rosas y a libro viejito. Cómo nos gustaba ese olor tan característico de mi abuela, que de vez en vez nos llega cuando volvemos al pueblo y ella se manifiesta: ¡sabemos que nos cuida cuando nadamos y cuando estamos a punto de irnos a dormir! Mi abuela nunca nos contaba historias de miedo, sólo nos contaba referentes mitológicos del pueblo como la historia de las mujeres que buscaban en las noches a los moluscos de las perlas para llevarlos a aguas profundas en las lanchas de sus hermanos y sus maridos y liberarlas para que nadie las encontrara y las despojara de sus perlas. Esas mujeres-sirenas de tierra y agua, dominaban el fluir de las aguas para soltar el dolor y hacer que llegara a las profundidades del océano azul donde yace la memoria de todas mis hermanas que aparecen en las aguas. Porque en este país, las aguas también guardan la memoria de las desaparecidas, de los cuerpos sin nombre y de las almas que flotan tras el arrojo de sus agresores que intentan esconder la evidencia en el agua. Estas mujeres sabían que en el fondo de ese mar tan imponente estaban muchos cuerpos desaparecidos que se buscaban en la tierra del pueblo y al mismo tiempo el eco de esas voces que gritaban su paradero.

Este país en el que vivo, mi tierra, mi agua, México, es un país que se encuentra en guerra con nosotras las mujeres trans'. Cada día derramo lágrimas-océano cuando llegan a mí los nombres de mis hermanas asesinadas en un territorio invadido por el machismo y el odio transfóbico que acecha nuestros espacios y se lleva nuestras vidas, sueños, posibilidades y memorias. Sin embargo, no hemos perdido a ninguna, las hemos encontrado. Esto significa que sus voces aún retumban en nuestra piel, el territorio-órgano más grande y visible de nuestros cuerpos, tanto como nuestras caricias... Tanto como el deseo convertido en agua de gritar la contra-historia de todas aquellas y decir que SÍ, que ellas pudieron detener las manos de sus agresores con fuerza y escapar corriendo sin mirar atrás para continuar su camino y convertirse en nombre, nombre que se nombra... Alessa, Itzel, Valeria, Cheva, Paola, Gloria, Itzayana, Elizabeth, Patricia, María, Jaqueline, Teresa, Malena y una y otra y la otra, las otras, y ella, y ellas, todas, nosotras... JUNTAS.

 ¡Cuánto hablamos de ellas, por ellas y para ellas! En este país, hablar de mis hermanas asesinadas por la transfobia es un acto de resistencia que deja de hacer invisible esa memoria de dolor y que al mismo tiempo exige la justicia y la reparación. Mientras algunas hermanas luchan aquí en la ciudad para que todos los cuerpos disidentes podamos tener derechos humanos, libertad de expresión, reconocimiento identitario y un servicio médico de calidad; otras estamos infiltrándonos en lo cultural, donde por más derechos humanos que existan sigue existiendo la violencia impregnada de prejuicios machistas, racistas, misóginos y transfóbicos. Esta violencia que se cobra la vida de las mujeres en este país es perpetrada por hombres que han sido educados bajo un modelo opresor, con sed de poder y sed de aniquilación de nuestros cuerpos en todas sus aristas y atroces formas. Trece mujeres asesinadas al día, de las cuales cuatro son mujeres trans' de piel morena que ejercen el trabajo sexual. Cuatro vidas despojadas de la posibilidad de soñar, imaginar y tejer la memoria en sus comunidades, hogares y tierras, y yo me sigo preguntando: ¿cuántos hombres? ¿Cuántos hombres prófugos con las manos manchadas de sangre y la boca llena de culpa con la saliva de mis hermanas que hoy son buscadas por mí, por Rocío, por Alejandra, por ti que me estás leyendo, y por todas las que buscamos esas perlas para liberarlas en lo profundo? ¿Cuántos hombres dominados por el patriarcado y sirviéndole al exterminio de nuestras vidas en resistencia femenina? ¿Cuántos hombres predicando la palabra odio, maltrato, violación, mutilación, desaparición? ¿Cuántos hombres callando las bocas de quienes tenemos la lengua sembrada de verdad? ¿Cuántos hombres cargando en su espalda la historia de quienes despojaron de volver a encontrarse con sus madres, con sus espejos, con sus ositos de peluche, con sus bilés y sus pelucas, con la ilusión firme y tierna de cambiar, cambiar y transmutar? ¿Cuántos niños cegados por sus padres que los tienden obligadamente ante las escaleras de un puente de masculinidad impuesta? ¿Cuántos hombres presos de un deseo interior que prefieren intercambiar por la muerte de las mías, las tuyas, las nuestras?

Todas estas preguntas me las formulo todos los días tras el aviso de mis hermanas cuando nos enteramos de un transfeminicidio aquí en la ciudad, en otro estado de la república y en Oaxaca, la tierra de mi abuela, incluso en Puerto Ángel, lugar donde viven tres de mis tías, en la costa chica del Pacífico, casadas con pescadores lancheros que emprenden largos viajes para traer la comida a la mesa y al mismo tiempo la venta que les permite sobrevivir. Regresar al muelle siempre es una sanación para mí, porque es mi reencuentro con el agua y las profundidades que esconden tanta memoria.

Mi vida en la Ciudad de México como mujer trans' afrodescendiente es dura porque además de todas las violencias por mi identidad de género, me enfrento a un racismo cotidiano que hace que esa violencia se intensifique. Mi paso por la universidad me ha permitido visibilizar mi resistencia en ese espacio académico donde históricamente se ha hablado de nosotras sin nosotras y donde hemos tenido que enfrentarnos a un extractivismo colonial muy turbio, como las aguas contaminadas que pierden claridad por falta de cuidados y afectos al territorio vivo donde nacen y crecen nuestros cuerpos, lejos de la ciudad.

Uno de mis intereses más íntimos y poéticos cuando entré a la universidad a la carrera de Pedagogía era el tema de mi voz. Cuando cumplí quince años, mi voz comenzó a cambiar, se hizo más grave, muy parecida a la de mi padre y a la de mi hermano, y aunque para mí fue raro y doloroso porque no me gustaba ese cambio tan repentino, no tenía las herramientas para contradecirlo. Mi voz es mi casa, pero para hacerla mi casa, tuve que abrazarla. Esta es una voz muy grave, que cuando sale en mi hablar cotidiano hace que las personas me miren con cara de confusión, morbo, que comiencen a secretearse entre ellas y que incluso me llamen en masculino a pesar de que mi apariencia dice todo lo contrario. Es un momento donde acontecen simultaneidades entre la develación política y el riesgo que implica aparecer: porque soy vista como lo que quiero que miren, una mujer trans', un cuerpo ambiguo, una mujer de voz grave que escapa de lo normativo, pero tengo que decirles que también es muy peligroso por todo lo que podría ocurrir. La mirada de los hombres es confrontadora: siempre lidiar con ella nos agota, nos chupa la energía y nos hace sentir despojadas de nuestros cuerpos desde sus miradas.

Remembro a mi compañera Agnes Torres (compañera trans' asesinada en Puebla en 2012) para citarla: «La discriminación empieza por la boca», pero yo pienso que empieza en la mirada y coincidirán conmigo en lo fuerte y agotador que es lidiar con la energía masculina que se derrama en la ciudad. A las mujeres trans' muchas historias de confrontación nos persiguen cuando nos pensamos desde esa masculinidad que nos acecha para desearnos (desear lo prohibido) en silencio y clandestinamente, y al mismo tiempo utilizarnos como la metáfora del propio deseo prohibido y aniquilarlo: ¿qué matan de ellos mismos en el acto de matarnos a nosotras? ¿Por qué nosotras?

Allá en Puerto Ángel, Oaxaca, donde viven mis tías Elida, Martha y Concepción hay un restaurante de mariscos que se llama «La doña luna». Es un local a las orillas de la playa que atiende a turistas de muchas nacionalidades que año con año visitan el pueblo para comer el pescado fresco recién sacado de las aguas. Ahí, la amiga de mi tía Elida que se llama Dina tiene tres fotografías de tres hombres que fueron lancheros reconocidos en el pueblo en años pasados. Ella cuenta que una noche salieron a pescar y nunca más volvieron porque «la sirena se los llevó». «Una sirena sin nombre pero una sirena que los encantó con su canto prohibido e hizo que se ahogaran en un profundo sueño del que jamás regresaron. Sólo encontraron la lancha vacía, sin rastro y volteada. Se ahogaron».

Todos en el muelle de lanchas de pescadores milenarios del pueblo saben que pescador que se va a la mar y no regresa, es porque escuchó la voz de la sirena que se esconde mar adentro y sale en aquellas noches oscuras de neblina para cantar con su voz encantadora que lleva a todo pescador a perder la razón y a encontrarse con el «siento, luego existo». Entonces se abrazan a ella y se sumergen a lo profundo para nunca más volver al mundo superficial. Qué valientes aquellos hombres que deciden escuchar a la sirena que canta para ellos y trans'formarse en otra cosa lejana a esa masculinidad que les dijeron que era lo «normal». Nadie es normal cuando deja de ser normal.

Las sirenas estamos atravesadas por el peligro, la seducción y el deseo. Somos criaturas del agua, deidades y misteriosas, mujeres de voces graves que encantan y te hacen transitar entre la vida y la muerte. Pienso tanto en mis tíos lancheros que aún están en Puerto Ángel, ahí, cerca del agua, nacieron y crecieron a unos metros del mar y entonces me pregunto cuando estoy aquí sentada en la Ciudad de México, confinada forzosamente por el estado en tiempos de pandemia:

¿Qué tienen que contarnos estos hombres de agua sobre su ser hombres?

¿Cuál es la relación que tienen con el mar?

¿Será posible que sus pactos patriarcales se disuelvan más fácilmente por el hecho de vivir cerca del agua?

Me es inevitable recordarme cuando niña, habitando el cuerpo de un niño triste y confundido nadando en el río de la casa de mi abuela que ya tenía cierto sabor salado por estar cerca del mar. Recuerdo a mi abuelo y a los vecinos cercanos verme feliz, y diciéndome que sí, que parecía tiburón. «Más bien sirena», decía mi abuela y ellos sólo reían, pero asentían con su cabeza. Aún se manifiestan las voces de mis tíos y yo me recuerdo siendo ese tiburón que debajo del agua soltaba su piel para emerger como sirena. Los hombres con los que crecí eran diferentes en algo por estar conectados al agua y a la tierra. Con todo y sus machismos presentes y presos de un conservadurismo más voraz que el de la ciudad, por no tener ningún acceso a información actualizada siquiera para formularse la pregunta: ¿quiénes son los hombres? Ninguna propuesta pedagógica que los acerque a un trabajo donde puedan hablar de sus experiencias como hombres cercanos al mar. Algo tienen ellos que los conecta con este mar misterioso, femenino e imponente: otros tiempos, otras mareas y otros deseos que siempre he querido develar por medio de mi voz conectada a la de ellos. Mi pedagogía de la ternura radical siempre ha sido afectiva, libertaria, esto me conecta con la posibilidad de fugarme de la disciplina y detonar propuestas críticas donde mi cuerpo y mi experiencia son el puente para conectar con la experiencia trans' de maneras otras que no son conceptuales o racionales sino de ritual, imagen, diálogo horizontal, siempre con la vida por delante, porque mi voz es el centro de mi existencia.

Durante mucho tiempo he trabajado cercanamente la masculinidad para poderme ver a mí como una mujer trans' que pasó por esa imposición de manera situada y para hacer que los hombres puedan sensibilizarse, trabajarse y asumir su responsabilidad como principales actores de este contexto de la muerte y el dolor. Todo lo que me sostiene hoy en día son mis raíces femeninas, mis ancestras, mis chamanas que son mis amigas y mis profesoras, mis vecinas, y la memoria viva de quienes viven en lo profundo. Siento deseos de devolverme a mis raíces masculinas y disolver esos pactos patriarcales que oprimen tanto la raíz de esta manera profunda, siendo la sirena trans' de la voz grave que decidió uno o varios días cantar para los lancheros del pueblo de Puerto Ángel para mostrarles otro mundo posible; formas nuevas de conectarse con la experiencia de las mujeres trans' que sean más cálidas, afectivas y desde los cuidados que reclamamos. Quiero convertirme en esa sirena que viene de lo profundo para trans'formar la violencia en resiliencia y nombrar a mis hermanas de las perlas que están en el abismo. Quiero escuchar sus experiencias de hombres cercanos al mar y poder hacer un puente con esas experiencias y las que escucho de hombres que viven en la ciudad.

Todas estas preguntas me hacen sentirme como esas mujeres que buscaban el misterio de las perlas para luego llevarlas al mar abierto y liberarlas. Todas estas preguntas me conectan a mis ancestros varones de otra forma que pueda trans'formar mi entorno y al mismo tiempo arrojar huellas acuáticas para continuar en este camino arduo, utópico pero necesario de hablar de los agresores, de sus violencias, sus experiencias y las raíces de su deseo de aniquilar.

Imagino un espacio pedagógico íntimo, a las orillas de la playa, un espacio de escucha libre y sin miedo a la voz de la sirena que invita a perder todo raciocinio y volver a sentir. Una sirena que desea sanar la herida colonial de la masculinidad con ternura radical, sigilo y esperanza; una sirena valiente que ha aprendido a dar la frente a los ojos del agresor y ver detrás de él todo el peso de la historia. Una sirena que por más sirena que sea, puede temerle al mar. Una sirena convencida de que un día van a volver todas las balas que dispararon. Una sirena que sabe, por mis ancestras, que una noche de luna llena, todas mis hermanas, las que el mar se llevó, saldrán a derramar sus lágrimas en la tierra para regar ese nuevo futuro que todas imaginamos y esperamos en cada latido de nuestros corazones. Esa sirena tiene un nombre. Y es el mío. El que elegí para mí la noche en la que me vi nacer, pariéndome a mí misma entre peces y cantos de aves que anunciaron mi existencia.

AGUA NEGRA
(FRAGMENTO DEL ENSAYO SONORO
ECHOES FROM THE BORDERLANDS)

Valeria Luiselli

Traducción de Marta López

Valeria Luiselli (Ciudad de México, 1983) es autora de las novelas *Los ingrávidos* (2011), *La historia de mis dientes* (2013) y *Desierto sonoro* (2019) y de los libros de ensayo *Papeles falsos* (2010) y *Los niños perdidos* (2016), todos ellos publicados en Sexto Piso. Ha colaborado, entre otros, en medios como *The New York Times*, *Granta*, *The Guardian* o *El País*. Sus obras, traducidas a más de treinta lenguas, han sido galardonadas dos veces con el Los Angeles Times Book Prize y con el American Book Award, y en dos ocasiones fueron finalistas del National Book Critics Circle Award. En la actualidad, reside en Bronx, Nueva York.

[Para ser leído en voz alta alrededor de una mesa, en compañía de mujeres].

Hija:
¡Presidente! ¿Presente? ¡Padre! ¿Presente? Ausentes.

Coro:
una historia ausente
    ésta es nuestra voz, la voz que falta
    éstos son nuestros cuerpos
    y esto en nuestros brazos
    es una roca seca roja.

Sobrina 1:
Una niña de quince años que conocí en un taller en un centro de detención, escribió: «A veces estoy triste, y a través de triste estoy feliz».

Semicoro:
una historia de cobre,
    de comercio, acumulación
    de capital, una historia
    de violencia;
    Mercurio retrógrado, minería,
    una historia de perros que ladran y callan,
    de entrañas:
    sus cuentas bancarias,
    señores.

Hija:
¡Señor Presidente! ¿Padre? Ausentes.

Madre:
La primera vez que vi —en Bisbee, Arizona— una mina de cobre a cielo abierto me acababan de colocar un DIU de cobre en el útero. Estaba con náuseas, mareo, desazón: el dispositivo, el agujero, el metal. El cuenco de la mina es rojo y hondo, excavado en una serie de cortes abruptos, escalonados, como las antiguas terrazas de cultivo que los árabes esculpían en las laderas de las montañas; pero en vez de cultivos de cebada, trigo y sorgo, el terraceado de la mina de cobre —veta de arena sobre arena sobre roca sobre arena— desciende en espiral yermo y se detiene súbitamente en un ojo de agua negra.

Sobrina 1:
A veces estoy triste.

Hermana 1:
A finales del siglo XIX, el doctor Marion Sims,
    considerado el padre de la ginecología,
    inventó la versión moderna del espéculo
    —instrumento que se coloca en la vagina
    para examinarla vía la penetración
    metálica o plástica.

La palabra *speculum* viene del verbo *speculari*,
    utilizado de antaño en la jerga militar,
    y denota ver desde lo alto, espiar.
    El doctor Sims también es conocido
    por haber inventado un método
    para curar fístulas vesicovaginales,
    —doloroso orificio entre la vejiga y la vagina.

Lo que casi no se sabe es que,
   para desarrollar la cura,
   en un pequeño hospital improvisado
   en Alabama,
   Sims experimentó, despiadadamente
   —sin utilizar anestesia,
   utilizando cucharas y cuchillos,
   sin ningún tipo de consentimiento—
   con mujeres esclavizadas.

Hija:
¡Jueces! ¿Su Señoría? Ausentes.

Madre:
En lo alto, parada detrás de una cerca de malla desde donde puede verse la profundidad del hoyo, oteé la mina de cobre, asomándome hacia el centro —agua negra— e hice un esfuerzo por imaginar, por entender: ¿qué es lo que mueve a los hombres a excavar y seguir excavando, en otras minas, también, en otras partes: extracción de piedra, minería a tajo abierto, excavación subterránea? ¿Qué los mueve a quitarle la corteza a la superficie de la tierra, arrancarle la sobrecarga natural —roca, maleza, raíces— y penetrarla para hacer túneles, escarbar más y más hondo para encontrar ahí dentro, en alguna entraña oscura, seca o húmeda —encontrar qué? Un resplandor, una promesa, materia con una masa específica, algo a lo que inyectarle energía, con rabia o con dolor o con tristeza, y taladrar, martillar, sacudir, estallar; encontrar algo que poseer y, con el tiempo, intercambiar; algo que defender y en nombre de lo cual declarar guerras; establecer asentamientos a su alrededor y darle nombre a un pueblo que con suerte se extenderá; fundar una compañía, escoger un presidente, designar cargos, administradores, secretarios y subsecretarios; prometerle a socios, acciones; y a los herederos, fortunas; excavar hondo y excavar más, multiplicando la mano de obra esclava de hombres que

toman café aguado antes del alba y destilados ardientes al terminar la jornada laboral.

Semicoro:
chak jou travay fosé.

Sobrina 2:
la pinche jornada laboral larga.

Madre:
El trabajo brutal y miserablemente recompensado de los mitayos, el yugo eterno de tantos, y la explotación de muchos otros más: ¿todo para qué? Por un tajo de esa quimera codiciada: cobre, carbón, cromio, granito, yeso, uranio, mármol.

Sobrina 2:
Los metales más antiguos
    conocidos por los humanos
    son el oro, la plata y el cobre.

Hermana 1:
Y en la genealogía del diu,
    los tres metales forman un linaje:
    oro, plata, luego cobre, en ese orden.
    Salvo el primer diu,
    inventado en 1909
    por el doctor alemán Richard Richter,
    que estaba hecho de tripa
    de gusano de seda:
    no fue popular.

  Después vino Ernst Gräfenberg
    (también alemán)
    que en 1929 inventó un diu de plata.
    Gräfenberg había investigado sobre la eyaculación

femenina —de ahí el término en su honor «punto-G»:
más un logro de léxico que de conocimiento
empírico para la mayoría de los hombres.
El punto es que el DIU de plata de Gräfenberg
fue efímero,
porque era judío,
durante el nazismo,
así que antes de abandonar su país,
ya habían prohibido su método anticonceptivo,
ya que era visto como
«una amenaza para las mujeres arias».
Es decir:
favorecía la copulación sin reproducción,
de la raza convencida de que
ellos y ningunos otros
debían poblar el mundo.
Pero el DIU favorecía también:
el sexo sólo por placer,
por juego,
sin fin último,
para las mujeres,
y era visto como una amenaza, entonces,
para los hombres arios en particular
y para todos los hombres en general.

SOBRINA 1:
La minería es una forma de acumulación, para algunos, y de despojo, para todos los demás.

MADRE:
Vetas de oro, menas de plata: desde hace siglos o quizás milenios se despojan tierras y apropian territorios y se desplaza a poblaciones enteras para extraer mineralizaciones, como si cualquier cosa debiera ser extraíble y toda persona fuera desplazable. Debe haber algo que empuja a los hombres —quizás

también a las mujeres, aunque es difícil saberlo, porque todas las instituciones que rigen nuestras vidas fueron diseñadas por hombres: gobierno, ejército, universidades, compañías mineras, la iglesia— pero hay algo en los hombres que los empuja a darle sentido y valor a lo que en definitiva no lo tiene intrínsecamente: el cobre, la sal, el mercurio. Y quizá haya cierta belleza en ello, a pesar de todo; hay belleza en inventarle valor al cobre y darle un significado, en darle orden a lo informe. Una cierta belleza desesperada en los hombres que imaginan instituciones y, en efecto, las crean. Firman contratos, se anudan la corbata al cuello, trago de café, y se van al trabajo y viven como si todo eso hubiera existido siempre y fuera el orden natural de las cosas. Aunque también hay tanta violencia en cualquier forma de hacer algo de la nada. Y además, a quién le importa un carajo toda su belleza, cuando la tierra está llena de hoyos de minas a cielo abierto, como muecas, como bocas en pleno grito o aullido. A quién le importa un carajo, cuando la pinche jornada laboral larga.

Semicoro:
Una historia del cobre,
    del comercio, acumulación
    de capital, una historia
    de violencia;
    mercurio retrógrado, minería,
    sus cuentas bancarias,
    señores.

Sobrina 2:
Arizona produce sesenta y cinco por ciento del cobre
    que se extrae y manufactura en los Estados Unidos.
    Hay enormes depósitos de pórfido de cobre
    en el sur de Arizona y Nuevo México
    y en el norte de Sonora y Chihuahua.
    Algunos geólogos piensan

que esos depósitos se formaron cuando
  lo que hoy es Norteamérica
  se desprendió de Europa
  y lentamente a la deriva cruzó el océano
  rumbo al noroeste,
  y de pronto se deslizó sobre una zona
  mucho más caliente del manto.
  Ese calor tremendo transformó las rocas,
  las llenó, las moldeó,
  las volvió pórfido de cobre.

Qué extraño es imaginarlo, visualizarlo,
    pensar cómo todo esto
    —el deslizamiento de un continente,
    su trayectoria específica—
    eventualmente resultaría
    en hombres con existencias vacías
    o quizás simplemente
    existencias normales,
    con corbatas, y chequeras y lapiceros,
    hombres con un sentido de propiedad
    desmesurada, cuya vida consiste en
    calcular, inventariar, reclamar
    esas viejas rocas rojas.

Sobrina 1:
Tia Oros Peters escribe sobre el continuo asentamiento colonialista de las industrias de extracción y su manera de violentar, en particular, a las mujeres y niñas indígenas: «...somos poco más que el canario de los mineros...».

Tia Oros Peters:
«...somos poco más que el canario de los mineros enjaulado dentro de las montañas para medir el cambio de aire puro a gas venenoso. Somos esas montañas profanadas, rasgadas,

violadas y explotadas. Los cuerpos de las mujeres indígenas somos víctimas de una guerra que ha tenido lugar durante todos estos siglos».

Sobrina 2:

¿Y cómo te comprometes con el conocimiento de los pueblos originarios para que no se convierta en otra forma más de extracción?

Sobrina 1:

No sé, pero creo que se comienza por escuchar.

Hija:

Yo quiero escuchar, quiero que alguien me explique:
    ¿qué significa extractivista?

Semicoro:

la pinche jornada laboral larga,
    chak jou travay fosé.

Madre:

Me pregunto: ¿las mujeres que hemos tenido un DIU metido en nuestros úteros, cargamos con un artefacto de cobre extraído de Arizona? ¿Chile? ¿Australia? ¿Y a quiénes desplazaron de esas tierras de las que extrajeron esa esquirla que más tarde nos sería encajada?

    Algunos meses después de haber visitado la mina de cobre de Bisbee, decidí definitivamente quitarme el DIU. Lo hice en una pequeña clínica médica en medio de un intenso viaje laboral. La ginecóloga, estirando hacia adelante un cuello largo y arrugado entre mis muslos reticentes pero bien abiertos, preguntó por qué, y se dirigía directamente a mi vagina —¿por qué?— y detrás de ella colgaba una fotografía ampliada de una orquídea blanca.

El cobre me tenía desquiciada, turbada, me hacía mal, le quise decir a la doctora. Podía sentir el daño. Lo había hablado con otras mujeres que también experimentaron reacciones alarmantes después de haberse puesto el DIU. A todas les habían dicho sus doctores que el cobre era inocuo; a todas les dijeron que de seguro eran ellas y no el cobre.

¿Por qué quiere usted sacárselo?, insistió la doctora.

Me sentía como una mina excavada, empinada, erosionada en espirales, quería decirle a la doctora, mientras me colocaba la helada punta del espéculo, su pequeño mecanismo de metal chirriando y las valvas abriéndose dentro de mí.

Porque me hace sangrar mucho.

Ésa fue la única explicación que le dí, y me dirigí no a ella mientras le respondía, sino a la enorme orquídea detrás de ella.

Porque me hace sangrar mucho.

Una explicación suficientemente aceptable, supongo, a la que ella asintió, llevando a cabo la extracción de un solo tirón, tras la cual pagué, y dije, gracias, gracias, doctora.

HIJA:
¡Doctores! ¡Directores de la Junta Administrativa! Ausentes.

MADRE:
En cuanto me quitaron el DIU de cobre, una vez extraída de mi útero esa chingaderita venenosa, empecé poco a poco a encontrar otra vez un equilibrio. Volví a hallar cierta templanza. Incluso, algunos días, cierta felicidad. Como una mina que por fin dejan en paz, que por fin abandonan, todas esas partes de mí que se habían sentido intensamente doblegadas, contorsionadas en nudos dolorosos, comenzaron a ondular mejor, recobraron flexibilidad, mi cuerpo y psique aceptando por fin una especie de tregua con la existencia, ser otra vez materia entre materia, una masa que no sólo ocupa un espacio sino lo habita. Las camas volvieron a ser cómodas, los regaderazos más largos, la comida más rica, las conversaciones más interesantes

y pacientes. Y el deseo, otra vez, esa corriente subterránea salvaje, libre pero a la vez internamente contenida, volvió a ser abundante, impredecible.

Sobrina 1:
A veces estoy triste, y a través de triste estoy feliz.

Madre:
Cuando volví a casa de ese viaje en el que me quité el DIU de cobre, tal vez porque me estaba sintiendo tanto mejor, más centrada, y por ende también lista para salirme de centro y entregarme al placer, cogí con un amante, sin condón, y por supuesto luego me tuve que tomar la pastilla del día después, y volví a sentirme desencajada, débil, de nuevo trastornada, ahora por la pastilla. ¿Por qué debemos pagar un costo, siempre nosotras, por el placer compartido con un hombre?

Sobrina 2:
La geología estudia las rocas
    y la deriva, por lo tanto
    extracción, por lo tanto
    grilletes, por lo tanto
    asentamientos forzados, por lo tanto
    despojo, por lo tanto
    desplazamiento, por lo tanto
    deriva y rocas.

Sobrina 1:
A través de triste estoy feliz.

Madre:
Pasaron las semanas y me di cuenta de que la regla se me había retrasado, dos días, cuatro días, seis. Me empecé a preocupar, incierta de si una vida estaba creciendo dentro de mí. O quizás sólo era un catarro. ¿Pero qué pasaría si fuera una vida? A lo

largo de esos días —a través de ellos— me dediqué sólo a esperar. A esperar a que mi cuerpo por fin sangrara: sentarse en el escusado, revisar si el papel de baño muestra un dejo rojo o café o al menos rosa pálido, los pechos cada vez más hinchados y adoloridos. Pero nada, ni una señal, y pasaban los días. Me preguntaba si quería traer otra vida a este mundo, en este momento y a este mundo, con ese amante que quizás no fuera tan buen amante, o con cualquier otro amante: no. No tenía espacio ya para más vidas en mi vida. ¿Pero cómo podría no dejar que pasara si pasó, y si la vida se estaba dando, cómo me podría atrever a darle fin? No en un sentido moral. ¿O estoy hablando, sin quererlo, en un sentido moral? ¿Qué estructuras morales hablan dentro de mí, a través de mí?

Semicoro:
estuviera otra vez embarazada, después qué,
    pero si tampoco estuviera
    embarazada, entonces qué
    y después qué cuándo entonces qué
    acumulación
    violencia
    mercurio retrogrado,
    señores.

Madre:
Había tenido un aborto cuando era muy joven, en un momento y un lugar en el cual abortar todavía era ilegal. Me dieron primero dos pastillas que me hicieron sangrar brutalmente durante varios días. Sangraba en mis clases, caminando por la calle, mientras dormía: nunca había visto tanta sangre. Las pastillas no dieron el resultado esperado y el hombre que me hizo el ultrasonido insistió en que viera la imagen en la pantalla, mientras me decía: Mira lo que hiciste, trataste de deshacerte de eso, pero aún está ahí, un cadáver, viviendo dentro de ti, mira nomás. Se determinó que lo siguiente era aspirar, y eso

fue lo que hicieron, y lo hicieron sin anestesia, en una cama
helada de metal, el espéculo encajado muy hondo, mi madre a
mi lado, agarrándome de la mano con firmeza.

Coro:
una historia ausente,
    ésta es nuestra voz, la voz que falta,
    éstos son nuestros cuerpos,
    y esto en nuestros brazos
    es una aspiradora llena de polvo.

Hermana 1:
Años después, en 1934, un doctor japonés,
    Tenrei Ota,
    inventó un DIU de oro.
    Lo llamó Anillo de Presión,
    término emparentado con «compromiso» o con «corset».
    No duró mucho, así que fin de la historia.

Hija:
Pero ¿qué es en realidad el cobre?

Sobrina 2:
Primero que nada es un elemento
    de la tabla periódica,
    número atómico 29,
    llamado *Cu*, por *cuprum*, en latín
    y, tal vez, antes,
    del asirio *kipar*.
    En la alquimia y mitología romana,
    el cobre estaba ligado a la diosa Venus-Afrodita.

Hija:
¿Y por qué?

Sobrina 2:
No sé, pero me gustaría saber por qué.
    También dicen que el cobre corre
    a través de las entrañas más profundas de la tierra.
    Vetas minerales arraigadas al subsuelo lo cargan,
    y los hombres lo excavan.

Hija:
¿Y por qué? ¿O para qué?

Sobrina 2:
Yo también quisiera saber por qué y para qué
    El cobre, junto con el oro y el hierro meteórico,
    son los metales más antiguos
    conocidos por el hombre,
    según algunas enciclopedias.

Hija:
¿Y para las mujeres?

Sobrina 2:
No sé, no dicen.
    Pero dicen que hay embarcaciones egipcias
    del año 4,900 a. C. hechas de cobre
    Y que se encontraron cuentas de cobre
    de once mil años de antigüedad, en lo que hoy es Irak.
    Y todo eso estaba bien: anillos, collares, pulseras, vasijas.
    Pero después los hombres
    descubrieron que el cobre tiene conductividad.
    Es decir, conduce calor y electricidad.
    (Tal vez por eso se le asocia con Venus-Afrodita).
    Y cuando descubrieron la conductividad
    empezó a ser usado para mucho más:
    el telégrafo, la electricidad, los refrigeradores,
    los trenes, los microondas,

    aviones, cohetes,
    misiles y bombas de racimo.

MADRE:
No estaba embarazada. Vino la regla, con sus dolores y en la luna llena, nublando el ánimo, opacando el entendimiento, disminuyendo la paciencia y desdibujando el contorno de las ideas. El endometrio expulsado lentamente, primero rosado, luego deshechos de color marrón, sedimentos, sanguaza; después ese púrpura asombroso, espeso y casi gelatinoso, seguido por los coágulos, que salen siempre como con quejidos espasmódicos de los músculos uterinos, hasta que son aquietados con Ibuprofeno; luego un fluido rojo vivo y, finalmente, unas gotas diluidas, transparentes, resignadas casi. De todos los órganos, el útero es el más sisifeo, siempre en continua regeneración, siempre entregado a la incansable tarea de colocar membrana sobre membrana para recubrir las paredes cóncavas de su cuenca.

SOBRINA 2:
En clase dijeron que el Universo
    está formado de materia y energía.
    La materia es todo aquello
    que tiene masa y ocupa espacio.
    La energía es lo que produce
    un cambio de estado en la materia.
    Eso fue lo que dijeron.
    Hay energía potencial y energía cinética.
    También eso dijeron.
    La energía cinética es la de los objetos en movimiento.
    La otra es más difícil de entender:
    los cuerpos diminutos,
    como los átomos y las moléculas, se unen
    por medio de la energía potencial,
    almacenada dentro de ellos.

Madre:
Supongo que después de la menstruación, después de esa abundante liberación de materia, el útero comienza lentamente a retomar su condición de espacio vacío. Intuyo bien ese vacío: pinche Kierkegaard farsante. Lo intuyo con vértigo y con miedo, el hoyo que llevo dentro. Me gustaría asomarme dentro de mí y sentir lo que quizás algunos hombres en la Arizona del 1800 sintieron cuando se asomaron al nuevo cuenco de la Copper Queen Mine: oportunidad, proyecto, futuro. Pero lo único que veo es duda, agua negra.

Sobrina 1:
A veces estoy triste, y a través.

Madre:
Tal vez la duda es otro tipo de impulso, una forma distinta de la energía. No es un impulso que excava terrazas en las laderas de las montañas, o que funda compañías y firma tratados de comercio. La duda no hace eso, pero sí es un impulso interno, molecular casi, una energía potencial que crece en silencio y aparece. La duda es como el cobre y el endometrio: materia palpitante.

Semicoro:
entrañas
    mercurio retrogrado
    sus cuentas de banco
    señores.

Hermana 1:
En los años sesenta, un doctor gringo
    llamado Howard Tatum
    inventó un artefacto en forma de T
    —tal vez T, de Tatum—.
    Creía que una T podría ajustarse mejor

a la forma casi triangular del útero,
y se asoció con un chileno, el Dr. Zipper,
quien a su vez había descubierto que el cobre
era un espermicida efectivo,
y que con él podría cubrir
el cuerpo plástico del artefacto en forma de T.
El DIU que hoy en día utilizan
más de ciento cincuenta millones de mujeres
tiene una superficie de cobre de 380 mm^2:
57 mil m^2 de cobre en nuestros úteros.

Sobrina 2:
Nota al calce: Chile es el líder mundial en la producción de cobre.

Otra nota al calce: Los Estados Unidos orquestaron el golpe militar contra Allende tras la nacionalización de las minas de cobre.

Otra-otra nota al calce: se dice que las superficies de cobre repelen los virus y por eso su precio en el mercado, en esta época de pandemia, está aumentando.

Hermana 1:
Es posible, aunque no está confirmado
    por ninguna fuente en absoluto,
    que ese mismo Dr. Zipper, co-inventor del DIU,
    haya estado emparentado con el inventor del mecanismo
    por medio del cual una serie de
    pequeños dientes metálicos
    se encajan en una serie de huecos
    también metálicos
    alineados en un patrón con forma de escalera,
    presionados unos contra los otros
    por una laminilla
    que se desliza de
    arriba hacia abajo,

de abajo hacia arriba,
un simple medio para un fin:
abrir y cerrar,
el zíper cerrándose
abriéndose,
la frontera
de algodón, mezclilla, o poliéster
que separa nuestros cuerpos desnudos

MADRE:
Los hombres se abren y cierran el zíper, muchas veces al día, para abajo y para arriba, lo abren y lo cierran, en baños públicos, en habitaciones de moteles, en sus casas, de manera impulsiva o incitada, solos o en compañía, el zíper: una puerta y una ventana. Recuerdo a los varones, cuando éramos adolescentes, que olvidaban cerrarse el zíper después de ir al baño, y regresaban al salón de clase con un pedazo del calzón a la vista, y era fácil imaginarlo y muy difícil concentrarse en ninguna otra cosa ¿Era obscuro, café o rosado, era curvo o colgaba recto hacia abajo, ya le habrían crecido pelos alrededor, y de qué color eran, y se pondría tieso al envolverlo en nuestras palmas, pero cómo había que agarrarlo, suavemente o con fuerza? Y estaban esos otros hombres, más mayores que nosotras, sentados a nuestro lado en el camión, o en el metro, que se abrían el zíper de repente y nos intimidaban con su triste y erecta amenaza; y, si estaban suficientemente cerca, nos rozaban la rodilla o el hombro. Más adelante, otros hombres que encontramos en bares o fiestas, cuya respiración sí deseamos sentir cerca del rostro, y con cuyos zíperes jugamos —solamente con las puntas de los dedos, o ni siquiera, solamente un rozo, una fricción de nuestras caderas o rodillas—. Y aquellos zíperes que ni nos dimos cuenta que ya habíamos bajado, porque nuestras manos ya andaban en otra parte más honda del placer, sintiendo la humedad, la entrepierna, venas trazables y testículos encogidos, el pene hinchado, listo. Pero luego, también, los hombres que

nos agarraron con la guardia baja, a pesar de haber confiado en ellos, o quizás especialmente porque confiamos en ellos, y se bajaron el zíper, y nos agarraron del cuello con fuerza, apretando demasiado, y nos jalaron el pelo y odiaron nuestros rostros y nos penetraron con toda su rabia y dolor, y nos llenaron de miedo, escupitajo, y desprecio de nosotras mismas, despojándonos del derecho al placer, a algunas de nosotras para toda la vida, hombres cuyos zíperes son el callejón sin salida de todos los callejones que tememos y el principio de todos los pasillos, ya sea burocráticos o metafísicos, lo mismo da, pasillos donde nos sentiremos perdidas, y en los que deambularemos eternamente en busca del cuerpo que éramos antes de ese día, el día anterior a ese día.

Semicoro:
éramos antes de ese día,
    una montaña,
    una historia de perros
    que ladran y luego se callan.

Sobrina 1:
A veces estoy triste y a través.

Hija:
Madres, presentes.
    Hermanas, presentes.
    Abuelas, presentes.
    Nosotras, presentes.

Coro:
éstos son nuestros cuerpos,
    y esto en nuestras manos,
    una roca seca roja.

TEMBLORES EN EL CORAZÓN: CRÓNICA DE UNA GEOGRAFÍA EMOCIONAL

Fernanda Latani M. Bravo

Fernanda Latani M. Bravo (Oaxaca, 1991) es una mujer zapoteca y una indómita geógrafa feminista. Ruralista de a pie y hecha de paisajes diversos por herencia de su padre, y por herencia de su madre es bailarina del son que le toquen, risueña y platicadora. En su segundo nombre «Latani» lleva el amor y el respeto por los cerros y montañas. Decidió estudiar la carrera de Geografía porque su admiración por los paisajes y las maquetas que hacía para representar la orografía de Oaxaca eran su gran pasión. A lo largo de casi cuatro años ha construído procesos alternativos para subvertir la enseñanza clásica de la Geografía y lo ha hecho como profesora desde una visión anticolonial, antirracista, antipatriarcal y anticapitalista en el nivel secundaria y preparatoria. Desde el 2015 es integrante de la Red Oaxaqueña de Mujeres Indígenas Trenzando Saberes, fue cocreadora del primer Festival de Mujeres Artistas del Istmo de Tehuantepec «Gunaa Ruzaani» y creadora de la plataforma *Núcleo de Geografía Feminista Itinerante*. Su línea de investigación tras su ingreso al posgrado en Geografía en la UNAM es desde la geografía feminista, analizando la participación de las mujeres indígenas como sujetas políticas en los procesos de resistencia y organización frente a la historia mexicana y latinoamericana de despojos y megaproyectos.

Sabemos que el corazón de un adulto tiene entre sesenta y cien latidos por minuto; sin embargo, hay momentos en la vida de una mujer que, en vez de tener palpitaciones en el corazón, tiene temblores, movimientos tectónico-vasculares generados por fracturas y dolores, dolores de los que habla César Vallejo, esos que «abren zanjas oscuras en el rostro más fiero y en el lomo más fuerte». En esta crónica de geografía emocional, quiero hablarles de esos temblores del corazón, así como de sus réplicas en una mujer, una mujer de carne y hueso, a veces más hueso, a veces de carne, a veces simplemente tierra, a veces polvo.

Así como la madre de las placas tectónicas, la placa del Pacífico, dejó caer sus fuerzas sobre sus hijas, Cocos y del Caribe, la noche del 7 de septiembre del 2017 —fecha que en la comunidad zapoteca no olvidaremos—, así sentí la fuerza con la que mi madre habló conmigo sentada en la hamaca del corredor de la casa, dos meses después del terremoto de 8.2 grados que devastó gran parte de la región del Istmo de Tehuantepec, en el sur de Oaxaca, y que sin percatarme también había devastado mi más íntimo territorio, mi cuerpo.

En mi adolescencia y juventud, muchas veces me había cuestionado sobre el motivo de las diferencias abismales y aparentemente irreconciliables con mi madre, Leonor Soledad. ¿Por qué siendo tan parecidas y cercanas, por qué siendo yo una niña tan deseada por mi madre, incluso «pedida con mucha devoción», lo mejor para nosotras era ignorarnos y evadirnos para poder seguir cohabitando como dos cucarachas en una misma grieta? Quizá parte de la respuesta estaba en el nombre de mi madre. El nombre es arquetipo de la cosa, y el de mi madre lleva el indicativo de su ser hermético y complejo, que ella y yo aún no habríamos podido vencer.

Ustedes que me leen se preguntarán: ¿qué relación existe entre el terremoto del 2017 y la tensión constante con mi madre? Yo les comparto que ambos sucesos han sido para mí motivo de dolor e inspiración para reconstruirme desde los escombros de un viejo ser.

Quiero comenzar haciendo una cartografía vivencial de mi infancia. Crecí en una familia con cuatro hombres: tres hermanos y un padre —hombre caminante de montañas—, y mi madre la heredera de los ritmos, sabores y olores de la verde Antequera. Mi infancia fue de muchos andares y adaptaciones: anduve en valles, montañas y serranías; conocí pinos y encinos, bosques mesófilos, selvas caducifolias y perennes; palpé mis primeros musgos espesos y pastizales, probé piñas, peras, nísperos, cocos y guayabas. Sin embargo, la distribución tradicional de los roles familiares condujo a un distanciamiento físico con mi padre —pues tenía que trabajar fuera de casa— y una tensión con la mujer que más me ama, pero que tenía que cuidar, en condiciones poco favorables, a cuatros hijos: dos adolescentes, Diego y Juan, y dos infantes, Ernesto y Fernanda, se hacía presente.

Tenía quince o dieciséis años cuando tomé del librero de Rey David, mi padre, la biografía de Salvador Allende escrita por un autor ruso. Me causaba intriga por qué la primera fotografía del libro es una donde están Fidel Castro y Allende. A Fidel lo conocía por otras fotografías y porque la revolución cubana, el socialismo y «América libre» han sido temas de conversación entre Rey David, mis hermanos y mi madre, en las sobremesas, aunque mi madre poco opinaba porque decía que no eran de sus temas. Papá estudió Sociología en la UNAM, y fue el único hijo de ocho, a quien mis abuelos Juana Ordáz Cortés e Ignacio Meléndez le dieron estudios universitarios. Y fue precisamente entre los años setenta y ochenta que mi padre vive su transición al pensamiento crítico marxista tras su militancia en la COCEI y en la universidad, una de las anecdótas con las que crecimos fue la de cuando mi papá era estudiante universitario, y mi abuela Juana le mandaba camarón seco y totopo para que él comiera, pero él optaba por venderlo a sus amigos y profesores, cortando la cabeza y el cuerpo del camarón.

De esa época venía aquella biografía de Salvador Allende, y con ella tuve mi primer acercamiento a la lectura socialista, me inicié en una historia que no podía creer, y entre poemas de Neruda, coplas de Victor Jara y fragmentos de discursos, conocí la vida de Allende y también comencé a hacer míos esos pensamientos que mi padre replicaba en casa. Fue ahí donde nació la jovencita rebelde de pensamiento crítico, que quería viajar a Cuba con su papá. Así fue como me fui forjando hasta hoy, como esa joven militante de pensamiento de izquierda, que admiraba todo de su papá. Indudablemente, fue esto, y el gran esfuerzo que mi abuela Juana hacía como bordadora y rezadora lo que fortaleció mi identidad como mujer zapoteca, que como muchas mujeres del Istmo de Tehuantepec, de ombligo y de raíz luchan a sol y bajo temperaturas extremas de calor para sacar adelante a su familia.

Cuando tenía ocho años, el trabajo de mi padre nos llevó a vivir en Ixtlán de Juárez, en la famosa Sierra Juárez o Sierra Norte de Oaxaca, donde el clima frío, la cultura, el modo de vida, así como las responsabilidades maternales y hogareñas dieron como resultado los primeros choques y confrontaciones entre mi madre y yo. En ese periodo fue cuando me descubrí como una niña extrovertida, rebelde y contestataria. Ahora lo digo así, antes mi madre lo decía de esta manera: «Tani, deja de andar repelando y de contestona». Ese comporamiento me valió, hasta hace un par de años, su desaprobación enérgica, sus sanciones excesivas y un disciplinamiento riguroso. Sin embargo, Soledad no sabía que estaba padeciendo lo que se ha llamado la pulsión de repetición, pues en su infancia también fue «contestona» y sufrió castigos por ese motivo, y ahora ella hacía lo mismo. A la par de los primeros conflictos, comenzaba a identificar la profunda desdicha de mi madre en esos tiempos, pues vivir en un lugar que no era el suyo la hundió en la tristeza. Ella me relata que había dejado de tejer, bailar y leer para criar y sacar adelante una familia.

Esta infancia es el núcleo de mi ser que ha experimentado sucesos fuertes a lo largo de la vida, entre ellos el terremoto del 7 de septiembre. Esa noche, minutos antes de las 11:49 p.m., hora del sismo devastador, cerré los ojos y me acordé de mi madre, a quien no veía siete días atrás. Me acosté a dormir y me puse a divagar un poco sobre mi nueva vida como trabajadora de la educación, lo fuerte que había sido para mí esta transición entre ser estudiante y activista feminista de calle y la formalidad de ser profesora; el golpe profundo a mi estilo de vida andariego, a mis libertades, y a mi forma anarquista de ver el mundo.

Pocos minutos después, sentí el movimiento de mi cama. Reconocí a la perfección ese mecer telúrico, oscilatorio, como el mecer de una hamaca. Salí de mi casa al patio compartido y escuché de fondo el crujir de la corteza terrestre. Ahí vi salir a Magda, a quien ahora puedo nombrar como la mujer luz que alumbró nuestra noche de angustia. Fue una mirada profunda lo que nos hizo abrazarnos mientras el mecer lento de la tierra se convirtió en un zangoloteo profundo por más de cinco minutos. Sus palabras y mis gritos bajo la luz de la luna hicieron que nuestros temores se entrelazaran. Su hija y mi madre eran lo primero que pasaba por nuestra mente al terminar el fenómeno natural tectónico.

Al día siguiente, viajé para encontrarme con mi madre en Ixtepec, donde está nuestra casa. Llegué con los ojos llenos de polvo por las casa derruidas a mi paso por Juchitán, Espinal e Ixtaltepec. Sin haber probado bocado ni agua, lo único que podría reavivar mi ser era llegar a casa y verla a ella y ver a mi padre. Pero no estaban. No sabía si se encontraban bien o mal, pero en casa, salvo algunas cuarteaduras, lozas caídas y cristales quebrados todo estaba aparentemente bajo control; y así me di cuenta de que era dichosa porque nuestro hogar no se había derruido.

Para el mismo viernes por la tarde, después de que pude ver a mi mamá y la supe viva, me bastó para identificarnos que al parecer estábamos bien, y es que a veces pesa más la carne, los huesos y la voz, que el alma, el cuerpo y el amor.

En este caminar feminista, de reafirmar mi amor entre mujeres y para las mujeres, sentía que tenía que hacer algo para apoyar a la reconstrucción de los corazones de la gente de mi comunidad y de mi región que había sido afectada por el gran sismo. Recuerdo perfectamente que un tuit que colgué en mi cuenta hizo resonar en muchas personas de otros lugares virtuales que era urgente ayudar a la población istmeña cuanto antes, ya que los medios de comunicación centralizados poco mostraban sobre la tragedia.

Con Nanaxhi y Azalea, amigas que se hicieron mis hermanas, decidimos iniciar el 11 de septiembre la colecta de apoyo económico y víveres para poder llevarlos a los lugares en donde era casi imposible adentrarse. Había temor, incertidumbre y tristeza, porque las personas no sabían lo que estaba pasando. Más allá de un movimiento telúrico, nuestras abuelas y madres se preguntaban a menudo: ¿Por qué tiembla? ¿Por qué se mueve la tierra? ¿Por qué nos pasa a nosotros? Yo veía cómo Nanaxhi, la más afectiva de las tres, extendía sus brazos para regalar un abrazo de consuelo. Su cabeza inclinada sobre la cabeza de otra señora me hacía imaginar que éramos mi madre y yo dándonos amor y consuelo posterremoto; anhelaba esa escena y quería que sucediera, pero llegando en la noche a casa, el anhelo no se cumplía, mi madre yacía casi dormida en su hamaca del corredor y cuando me escuchaba entrar sólo me decía: «Qué bueno que ya llegaste Tani, duerme y descansa por favor hija». Yo me dormía sintiendo un inmenso pesar en los hombros. Tiempo después comprendí que parte de ese pesar era la tristeza de la gente que había perdido sus casas.

Por días consecutivos continuó el acopio, y la barrera emocional con mi madre, también. Pese a la colectividad que nació no sólo con Nanaxhi y Azalea, sino también con mi amiga y hermana de ombligo Magaly, para hacer acopio bajo la lluvia y entre los escombros, o con las mujeres de BIBANI «reconstruyendo con identidad» con quienes apoyamos a la reconstrucción de viviendas, y también con las hermanas feministas de «nosotras en el Istmo», mi cuerpo estaba haciendo presencia en casi todos los sitios donde veía la urgencia que bajo los medios y formas posibles, teníamos que apoyar. El dolor entró en mi cuerpo por medio de los ojos, por todo lo que estaba observando, se trasladó a mi estómago por la garganta que muchas veces me dolía por las malpasadas, por las mojadas de lluvia, o por no decir lo que me acontecía. Mi sistema nervioso se vio afectado, y a menudo me sentía perturbada, lloraba poco pero me lamentaba mucho, sentía palpitaciones en el pecho y después la parte baja de mi espalda me empezó a pasar factura, me dolía mucho.

Fueron días difíciles para todas, pero yo no me atrevía a reconocer que también eran días difíciles para mí. Mi cuerpo, mi territorio, me dio la primera alerta, el dolor entró por la puerta grande. Mi rostro se tapizó de acné; mi cabello —al que tanto amo porque me conecta con la raíz de mi abuela Juana Cortés— se me estaba cayendo, estaba quebrado, aspero y seco: ésa era la descripción correcta. En mi espalda sentía el gran peso del dolor de las otras personas, ese dolor no me permitía agacharme ni dormir en la hamaca. En mis hombros sentía el estrés y percibía que en mi cuero cabelludo se tejía una telaraña de tensión por la ansiedad. La segunda alerta fue la ausencia de mi menstruación, donde el primer mes no se presentó, situación que me acompañó por otro mes más. Aún con todo eso, no me atreví a escuchar mi cuerpo, era claro el auxilio que me pedía.

Una mañana, después de varios días de no poder ver a

quien en ese entonces era mi pareja, sabía que algo estaba pasando, mi instinto de bruja zapoteca me lo decía, y así fue; no bastándome el dolor en el cuerpo y en el alma, comenzaron los temblores en mi corazón: había descubierto que mi pareja me había engañado con otra persona y que llevaba días evadiéndome. Cuando descubrí su engaño, sentí como si una réplica más del sismo hiciera agrietar mi corazón.

Sin embargo, ni con ese dolor pude abrazarme a Soledad. Sabía que al agarrarme de su mano y poner mi cabeza en sus piernas iba a derrumbarme, y entonces opté por vivir a escondidas mi propio terremoto y sus réplicas en los lugares más apartados de mi hogar. Poco hablé de esto con mis amigas, y como feminista me cuestionaba mucho la forma en la que nos han inculcado cómo debemos vivir la decepción y el engaño. Esto lo disfracé a la perfección y aunque mi madre me buscaba con la mirada, yo seguía reservandóme a mí misma.

Así, la relación con mi madre se comenzó a cuartear, todo lo que habíamos pasado durante las secuelas del terremoto y la negación a abrazarnos y llorar, me hizo darme cuenta de que a todas nos había atravesado de forma distinta. Y por tanto entre ella y yo había situaciones que teníamos que enfrentar para poder sanar. Sin embargo, también sabía que había emociones y pesares que me había heredado, y sentía ese peso en mi andar. Mi madre creció sin una imagen paterna. Cuando mi abuela estaba embarazada de mi madre, a mi abuelo Jóse lo asesinaron por defender a una de sus paisanas costeñas de Jamiltepec, Oaxaca. Mi abuela Guadalupe cargó con ese inmenso dolor y pareciese como si se lo hubiera heredado por medio del cordón umbilical. Por muchos años mi madre vivió con una gran melancolía, pero tiempo después ella misma decidió dar un gran paso para salvarse: pidió ayuda especializada. El dolor que recaía sobre su cuerpo era resultado del propio pesar que su madre había vertido sobre ella, mi madre estaba dispuesta a abortarlo, y así fue.

Esos enfrentamientos con mi madre, las tristezas, el terremoto y la reconstrucción de los corazones de toda la gente que había sido golpeada por el sismo, logró que me diera cuenta de que tenía que sanar la relación con mi madre, pero ¿cómo lo iba a hacer? Comencé por identificar que en mi interior emergía ese reconocimiento femenino de que nuestras madres son nuestro primer referente de fortaleza, que nada estaba perdido aún y que incluso en las tierras más duras, un rayo de sol puede hacer despuntar los brotes de hierbas.

Tuve que empezar por reconocer esos lapsos de la relación tan hostil que hemos tenido desde mi infancia, pubertad, adolescencia, y que ahora en mi adultez ya no quería cargar. Atreverme a sanar la relación con mi madre, para convertirnos en mujeres armoniosas, era parte de mi proceso constante de reconocerme feminista, pues no podía seguir enalteciendo las relaciones armoniosas que he podido construir con hermanas o compañeras feministas, mientras que en mi intimidad, la relación con mi madre era una constante erupción. Bien dice mi madre: «No hay que ser candíl de la calle y oscuridad de la casa».

En diciembre de 2018 me animé a realizar un viaje sola de más de siete mil kilómetros de distancia. Guiada por mi identidad viajera, uní fuerzas con las dos mitades de mi corazón. Mientras atravesaba las fronteras naturales, sabía que el compromiso que había asumido muchos meses atrás con mi madre, sentadas frente a frente, tenía que sacarlo a flote. La gran cordillera andina me había concedido un espacio en su ser rocoso y sabía que era el momento preciso de reencontrarme con mi yo del pasado, abrazarme, darme amor, disculparme por el abandono y seguir. De igual forma, pasé a imaginarme a Leonor Soledad afligida, abatida, deshojada y furiosa, para abrazarla, darle amor, disculparnos por el abandono e iniciar el proceso de sanarnos juntas. Por fin, me di cuenta de que nuestras historias, nuestras dolencias, nuestras amarguras y nuestras rabias estaban atravesadas por el mismo río, que al seguir su trayecto, desemboca con mucha furia en la mar.

Con eso, emergieron demasiadas preguntas a las que no sabía responderme. Pese a eso, comencé a ver a mi madre no como eso, sino como una mujer que históricamente viene cargando sobre sus hombros dinámicas de invisibilidad y que tenemos que luchar por esas libertades de poder nombrar lo que nos sucede. Mi madre venía sobreviviendo a ciertos pesares heredados que la agobiaron durante muchos años y que un día decidió expulsar. De ese mismo modo ahora yo tenía que seguir con esa promesa que me había hecho. Me di cuenta de que negar parte de los rasgos de personalidad que heredamos de nuestras madres también es negar nuestra propia historia y que esa relación telúrica que a menudo tenemos con nuestras madres tenía que cambiar de dirección. Así como un volcán expulsa magma de su interior, fluye como lava y al estar en contacto con el ambiente se convierte en rocas ígneas y las cenizas alimentan los suelos hasta hacerlos fértiles, mi madre y yo teníamos que confrontarnos para expulsar nuestros dolores y volvernos tierra fértil para un nuevo florecer.

Al volver de mi viaje pasaron casi seis meses hasta que me sentí fortalecida en cuerpo, mente y alma para poder hablar con mi madre, contarle de mi viaje, de mis pasos en esas tierras del Wallmapu, mis proyecciones, mis reflexiones y de cómo las veteranas montañas me arroparon. No era exactamente la misma desde aquella fecha fatídica grabada en la memoria de mi pueblo, pero tenía el mismo amor hacia Soledad. Ahora la entendía mejor, porque me entendía mejor a mí misma. Tenía la intención de platicar con ella, pero no había encontrado el momento oportuno. Lo planeé muchas veces pero nunca se dio esa conversación, así que el azar vino a mi ayuda. Un malentendido nos llevó a una discusión tormentosa que derivó en un enfrentamiento doloroso dentro del auto. Mi padre intentó tranquilizar las aguas, queriendo ser mediador, pero le hice saber que ésa no era su batalla ni su trinchera y que no le competía opinar.

El terremoto ya había pasado, ahora era tiempo de construir desde el escombro y las lágrimas una nueva relación. El Istmo ya había empezado este resurgir, ahora nos tocaba a nosotras. Soledad ya no estaba sola y Latani tenía que recuperar la alegría y hacerle honor al significado de su nombre. Han pasado un par de años desde nuestros temblores en el corazón, y aunque no hemos sanado del todo, todos los días avanzamos un poco, porque hemos llegado a la conclusión de que todo gran azote telúrico requiere de mucho tiempo para aliviarse. Nosotras necesitamos más tiempo, pero mientras llega, nos amamos todos los días.

¿QUIÉN APAGARÁ LOS INCENDIOS?

Luna Marán

Luna Marán (Oaxaca, 1986) es originaria y ciudadana de la comunidad zapoteca Guelatao de Juárez, Oaxaca, trabaja desde hace más de una década en la formación no escolarizada, donde la equidad de género, la diversidad y la comunalidad son ejes transversales. Cofundadora del Campamento Audiovisual Itinerante (2012-2019), JEQO (2019), Cine Too Lab (2018), entre otros. Produce la película *Los años azules* (2017), ganadora de más de diez premios y nominada a mejor ópera prima en los Premios Ariel 2018. Directora de *Me parezco tanto a ti* (2011) y *Tío Yim* (2019, Ambulante, FICM, GIFF, BBC Reel LongShot).

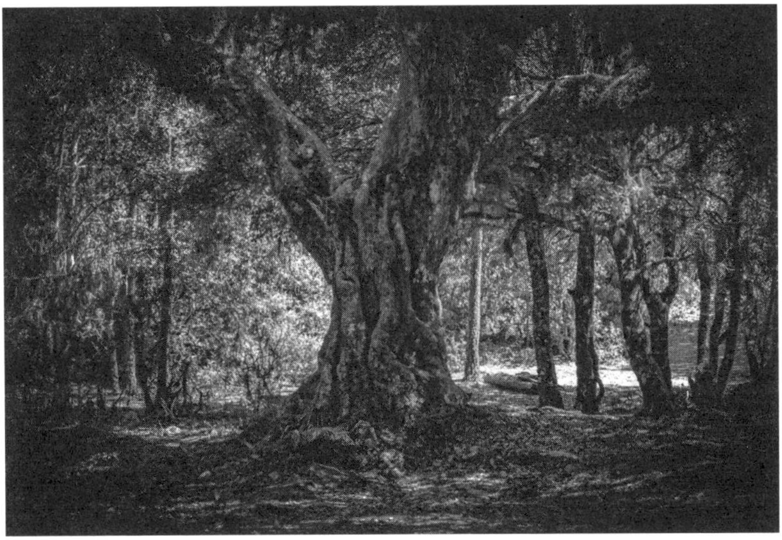

El día que decidí ser árbol fue hace poco tiempo
desperté un día y no salí de la cama
Me quedé viendo por la ventana a un árbol grande y amarillo

Me acordé que tenía muchas cosas que hacer
y las dejé caer como ese árbol había dejado caer sus hojas

Pensé en el movimiento del árbol
Él crece ahí sin presumirlo, en cámara lenta
Adentro
Adentro de mí se mueve todo
Se estremece y mis manos arden
duelen
Algunos humanos dicen que las emociones las sienten en su estómago
yo las siento en las manos
Arden

***

Luna, ¡ya te puedes casar! es la frase que más me repiten cuando alguien prueba algo que he cocinado y que no sabe mal. Para una mujer que nació, creció y vive en una comunidad zapoteca como la mía, el estar con un hombre, sólo uno, claro, de forma *seria* y tener hijos sigue siendo una expectativa a cumplir.

***

Acepto que tengo amantes como días de la semana
Que cada uno tiene un nicho en mi cuerpo
Que mi estómago se estira y se contrae todos los días
Sonrío cuando te leo
Sonrío porque te veo
Sonrío porque sonríes

Mi corazón no va a cambiar
Está hecho de esa madera que se dobla todos los días

Acepto que tengo amores como días de la semana
Que le pienso a cada uno de ellos
Que cada uno duele como si fuera el único
Que cada uno es un todo
Que desaparecen como aparecen
Que se entretejen todos los días
Que los soles pasan y ellos siguen ahí

Tengo amores como días de la semana
Mi corazón es un universo
Mi corazón se duele por cada uno de ellos
Todos tienen un espacio en mis manos
Todos crecen como árboles y hacen raíces
Cada vez más profundas, más extensas
Hacen memoria en mi cuerpo
Y mi cuerpo le piensa a cada uno de ellos

Tengo amantes como días de la semana
Un día por cada uno
Una hora por cada uno
Un minuto para cada uno
Segundos de muerte con cada uno

***

Angi me cuenta: *a mis treintas también he tenido que lidiar con las mismas preguntas, la mayoría de las veces de mi propia familia, de tías y primos que se casaron a temprana edad, sobre todo cuando se anuncia un nuevo compromiso o hay una boda en puerta, siempre está la típica pregunta… ¿Y tú para cuándo? Eso me hizo pensar en un meme que vi el otro día:*

> *Me choca la gente que cuando vamos a una boda me preguntan: y tú para cuándo, acaso yo les pregunto lo mismo cuando vamos a un velorio?*

Llevo más de dieciocho años compartiendo mi espacio/casa con otras personas, han sido muchas personas, en la ciudad se le llaman *roomies*, compartimos responsabilidades de un territorio común: *la casa*. A veces de mejor manera, algunas otras de increíble manera. ¿Por qué al volver a casa-comunidad tendría que compartir con una sola persona, o regresar a vivir a la casa de mis padres?

La vida, que es el día a la noche, en el hilado fino entre la cotidianeidad, la compartencia, el gozo y la responsabilidad con el entorno, no se hace sólo entre la pareja *hombre y mujer*, se hace de diversas formas en la medida en que la vida nos va acercando y alejando.

Conozco a muchos hombres que viven solos, a veces con una mujer y a veces con otra, no es algo fuera de lo normal. Pero cuando una mujer lo hace es observada, y diría que el primer cuestionamiento viene sobre todo desde una, quien cree que debería estar en una relación monogámica-heteronormada: nuestro policía interno, nuestro síndico interno ordenando cómo deberíamos sentir y estar. Cuestionando lo que de nuestro corazón y nuestra sangre va brotando. Y es en ese cuestionamiento donde una vez más caemos en la tentación de estar con alguien para toda la vida, tener hijxs y casarse, porque ese es el cuento que escuchamos desde niñas, el que nos creímos, el de las telenovelas, las canciones y el cine; y a pesar de que sepamos de sobra que estar en pareja no es garantía de nada, sigue estando ahí el relato que nos tortura.

Vivir sola se convierte entonces en un acto de suma rebeldía, sostener que esa soledad no es signo de *fracaso* es un reto en la construcción narrativa donde el éxito se construye a partir de un hombre y/o de los hijos. ¿Podremos ahora, mi generación de mujeres, atrevernos a construir la vida comunitaria en otros esquemas?, ¿qué pasa si decido compartir la vida con una mujer?, ¿qué pasa si decido compartir la vida con varias personas, hombres o mujeres?, ¿cómo éstas conformarán la *complementariedad* de la vida comunitaria?

¿Cuántas formas hay de decir te quiero? Es la frase con la que tratamos de abrir la discusión sobre las formas en las que se ha colonizado la expresión del afecto desde la cultura occidental a los pueblos indígenas. Pero también desde adentro se ha pensado en una forma hegemónica de hacer la vida en comunidad, que parte de la unidad-pareja heteronormada. Mi generación tiene el reto de romper esa idea y continuar la construcción de la comunidad, perpetuar el cuidado del territorio y hacer la fiesta desde otras formas de relacionarnos, de vivir el amor, de vivir el gozo.

Este conflicto de construir otras formas de amar y de hacer comunidad no es sólo un tema de las mujeres, pues comparto con muchos varones la necesidad de encontrar nuevas formas de relacionarnos que puedan sembrar comunidad, continuar la defensa y el gozo del territorio.

***

Veo tu alma humedecerse
Siento tus ojos, tus labios, tus dedos
Me escondo y me hundo
Siento las ganas de hacer de mi lengua el espacio de tus ganas
Sin ropa, sin pena, sin tiempo

Sin nada qué cargar en el corazón

Busco en tu mirada un aliento de mañana:

Del abrazo que te despierta
la música que te sonríe
el calor que riega mi entrepierna
la entrepierna que me cobija

***

¿Qué es la vida comunitaria? Puede ser muy extenso de explicar pero se resume en que en ella todos somos responsables de todo: no hay empleados que resuelvan las necesidades cotidianas como recoger la basura, limpiar la plaza, velar por la seguridad, todas esas tareas las hacemos entre todxs, todxs hacemos todo, pero no al mismo tiempo, se designan *cargos* que son funciones que hay que cumplir, tienen tiempos y procedimientos, son responsabilidades y no hay paga.

Crecer en una comunidad indígena es crecer aprendiendo que eres responsable de lo que pasa y lo que no pasa en tu comunidad. Cuando haces pareja, esa responsabilidad se reparte, y cuando estás *sola* por lo general se divide entre tus padres o tus familiares cercanos o tus hijos, sola es muy pesado asumir esa responsabilidad, pero ¿qué pasa si no quieres tener pareja o tal vez estás más cercana a una comuna?, ¿cómo se reconfigura esa responsabilidad?

En la asamblea un(a) ciudadano(a) es la representación de la unidad familiar, no es necesario estar casado(a), pero después de los dieciocho años se espera que formes una nueva unidad que permita el esfuerzo que la vida comunitaria exige, *un servicio* que por lo menos te tomará quince años de tu vida, de manera intensa y que sin el apoyo de un compañero o familiares se vuelve realmente complejo y duro. Pero ahora, ¿cómo será la unidad familiar de las personas que cuestionamos la hegemonía del amor romántico?, ¿cómo le haremos en esa construcción fina de lo que implica la *complementariedad*?, pero no entre dos personas sino con la comunidad.

Un meme dice: *quédate con quien te ayude hacer tu cargo.*

Podemos asumir que hay otras formas de estar en este mundo que no es la de relacionarnos con una sola persona, o que el amor tiene muchas caras y podríamos dibujar un rostro a cada una de esas caras, pero en lo concreto, ¿quién me ayudará en el cargo?, ¿quién irá al tequio?, ¿quién preparará la comida?, ¿quién cuidará la milpa? La vida comunitaria tiene una alta exigencia, no es sólo la cantidad de tiempo que implica participar en ella, sino el esfuerzo emocional que también implican esos grados de responsabilidad, ¿con quién comparto esas responsabilidades?, ¿a quién le cuentas el chisme?

Angi me cuenta: *he conocido comunidades cuya población ha reducido significativamente, primero, por la migración y segundo, porque las nuevas familias que se forman con los jóvenes que se quedan, tiene uno o dos hijos, eso ha generado que la rotación de cargos se dé con más frecuencia, incluso que se modifiquen los acuerdos de comunidades donde la mujer no participaba de los cargos una vez casada, a participar nuevamente aún estando casada, eso ha ocasionado que en una familia, cuando el hombre termina su cargo, la mujer puede estar iniciando el suyo, lo que se vuelve un reto a nivel familiar, pero que también obliga a distribuir las tareas del hogar.* Y como diría Carmen *es que hacer el cargo es una experiencia*: ¿Qué me tocará aprender en este cargo?, ¿qué me tocará vivir?, ¿estaré preparada?

***

Quiero dibujarles un bosque
Para perderme en él con ustedes
Para que juguemos

Quiero dibujar sus cuerpos por todo el bosque
que cada árbol les conozca

Para que sus rostros muestren una sonrisa
para que mis ojos puedan mirarlos con calma
para que el bosque cobije nuestros delirios

Quiero que cada hongo sepa que quiero perderme en sus ojos

¿Quién cuidará de los hongos?
¿Serán ellos los que cuiden nuestros sueños?

***

Hace unos meses en una fiesta infantil una abuela joven me coloca a su nieta recién nacida en brazos y me dice: *para que se te antoje*. Por otro lado Carmen me cuenta: *yo desde los dieciocho años sabía que quería ser madre*. Al escuchar la claridad de la maternidad en otras amigas, me refleja lo potente que puede ser ese sentimiento, al mismo tiempo que me doy cuenta de que no todas las mujeres sentimos lo mismo.

¿Cuándo le darás un ciudadano a esta comunidad?, me dice una vecina refiriéndose a mi obligación de tener hijos para que la vida comunitaria siga su curso: *¿quién apagará los incendios?, ¿quién hará la fiesta?, ¿quién cuidará del pueblo?*

***

Vi tus ojos iluminarse
Vi tu boca nombrar su nombre
vi tu sonrisa
Me vi feliz
Mi sueños se llenaron de ella

¿Quién espera a quién?

***

Angi me cuenta: *...pero cada vez que tocamos el tema les he preguntado que si entonces uno se casa para no estar solo, ¿qué es la soledad en todo caso?, si tenemos hijos sólo para que nos cuiden cuando seamos viejos, ¿no sería entonces egoísta de nuestra parte,* *traer niños a un mundo que cada vez se vuelve más incierto sólo para tener quién nos cuide cuando no podamos hacerlo nosotros?*

En muchas otras culturas lxs hijxs son de la comunidad, no de una pareja o de una mujer, se cuidan y protegen porque son el futuro de la misma, ¿por qué tenemos que individualizar la crianza?

Favela me contaba: *ahora que tengo una hija me doy cuenta de que es absurdo pensar en la familia monoparental cuando el cuidado se hace extensivo a las abuelas, las hermanas, las comadres.* Pensar que el cuidado de lxs hijxs es una labor de dos contradice el hecho de la compleja y ardua tarea que implica tener un hijx.

Carmen me contaba cómo gracias al apoyo de sus padres el ser madre soltera es posible. La exigencia del cuidado de un nuevo ser convoca a una colectividad y a una suma de esfuerzos, entonces ¿es necesario el padre?, ¿o es necesario nombrar esas colectividades-familia que asumen la responsabilidad del cuidado del nuevo ser en este mundo? Y si esas colectividades sólo somos amigxs: ¿podemos realmente hacer ese ejercicio de imaginación participativa para dejar de pensar que lo que hace falta en nuestras vidas es la pareja monoparental?

Muchos hombres sacrifican sus sentires por la idea de la familia, como lo que escucharon en los cuentos de la infancia, asumiendo el rol de proveedores y las consecuencias de ello, construyendo realidades paralelas, contradictorias y lastimeras: ¿sigue siendo lógico defender la idea de la «familia» monoparental?, ¿cuál es el sentido?

***

Siento mi corazón alegre
Siento cómo se crece
Quiere abrir tu corazón
Te busca, te toma, te abraza
Te lame

Siento cómo tu mirada descansa sobre mi cuerpo

Cómo tus labios se comen a los míos
Cómo tu cuerpo frágil, tu corazón frágil
Tiene miedo

***

¿Por qué no llegas a la fiesta?, ¿sabes lo que te toca hacer? María me recuerda cómo las mujeres pensamos en nuestras parejas también revisando las implicaciones en la vida comunitaria, *¿si me junto con él, quién hará el cargo, él o yo?, o si es uno de afuera-foráneo ¿cuáles son las complicaciones?, ¿podrán asumir la responsabilidad y el peso de la vida comunitaria?* Si en una pareja alguno de los dos no dimensiona o no acepta los retos y exigencias de la vida comunitaria seguramente existirá el conflicto entre la vida personal (los deseos individuales) y la vida comunitaria (la responsabilidad comunitaria).

Angi me cuestiona: *¿podemos entonces revolucionar la forma de hacer comunidad? Si eso implica replantear las reglas de la vida en comunidad, ¿cómo gestamos esos cambios para que la comunidad lo acepte? Sobre todo cuando sabemos que habrá resistencia. Alguien me dijo un día que la vida en comunidad no es algo que se aprende, es algo con lo que uno nace... ¿qué tanto de cierto hay en esa frase? Si cambiar implica abrir las puertas a personas ajenas al territorio, qué tanto compromiso podemos obtener de ellos?, ¿qué tan dispuestos estarán a abrazar la vida comunitaria y todo lo que implica?, ¿qué papel jugamos nosotras en la gestión de esos cambios?*

***

Congela tu corazón
Que se haga frío y duro
Que tu horizonte cambie de colores
que el sol te caliente, sólo el sol

No pienses
No sientas

Levántate y anda
Con el corazón frío

Recuerda y disfruta
Recuerda las palabras
Recuerda los jadeos
Recuerda el olor
Recuerda las manos
Todo

Congela tu corazón
No pienses
No sientas
Levántate y anda

O sí, y dibuja un horizonte
uno lleno de colores
para el nuevo amor
para la nueva piel
para la nueva carne
para envolverte en ella
ahora, y tal vez sólo ahora

***

Platicando con Ariadna me decía que los hombres están educados para estar en el *centro* y que el cuidado, el pensar en lxs otrxs, no es parte de su formación. Sobre mis treintas he ido descubriendo cómo estoy educada para el cuidado de los otros y que además encuentro un placer en los mismos y cómo los varones que me rodean, no. Entonces me planteo, ¿cuánto falta para que los hombres estén listos para el cuidado de lxs otrxs? Entonces: ¿cómo se aprende a cuidar a lxs a otrxs?, ¿qué herramientas tienen que poner en práctica?

***

Confiésate con el árbol que más quieras
con el más grande, el más luminoso
Cuéntale todos tus secretos
dile lo que sientes y lo que te duele

Él sabrá escucharte
si te acercas un poco y guardas silencio
te dirá que no los necesitas
que puedes dejar con él todos tus secretos
que él te los guardará
y cada vez que los necesites te los dará

Sólo entonces andarás livianx y transparente

***

Dice Doña Ofelia: *solo tú lo sientes, sólo tú lo vas a disfrutar, en ti misma.* Han pasado muchos años para poder redimensionar lo que ella me decía y que sigue siendo una frase que abre muchos mundos en mi cabeza, *sólo una lo va saber, nadie te lo va enseñar.* Y es que uno de los retos es entender cómo funcionan en lo particular, en nosotras mismas, nuestros afectos y el goce. El descubrir cómo cada quien vive sus emociones, respetar y convivir con esas otras formas particulares y diversas de expresar y vivir el afecto es el reto, sin negar todas las violencias que se pueden cruzar y ponerles un alto.

***

Aprender a llorar,
a ser río

Ser el río en el que te bañas,
sonríes,
te alimentas

Ser el río al que no volverás,
el horizonte abandonado

Ser el río,
el río que crece su cauce,
el río que agarra fuerza,
el río que lo transforma todo

Ser río
Mutar
YI

***

Carmen decidió ser madre soltera para que ningún hombre la controlara y le dijera qué hacer. Cada vez que la escucho me resuena su valentía, no es la única que ha decido estar mejor sola que mal acompañada, pero sobre todo, ¿cómo le hacemos para reivindicar el no estar en pareja como espacio de gozo y plenitud? ¿O cómo declaramos ese no estar solas, pero solas y en calma?

¿Cuántos cuentos nos faltan para saber que no necesitamos estar con un hombre para sentirnos bien?, ¿cuántas canciones nos falta escuchar, para saber que el gozo está en una misma, que sólo una lo va saber?

***

Mi abuela es un árbol
Que trenzó ramas
Que hizo fuerza de sus ganas

Nos dejó a sus nietas
Su historia,
Llena de grietas
De claroscuros

De aventuras inconclusas
De amores, de hijos,
de fuerza, de ganas

Ahora sus nietas-árboles
Nos podemos llenar
De sus ramas
De sus trenzas

Escribir una nueva historia
Una llena de fuerza
Como la de ella
Como las de ellas
Todas ellas
Todo el bosque

***

Una de las formas más efectivas de control social en cualquier lugar es *el qué dirán*, esa forma tan sutil de manejar que debemos o no hacer con nuestras vidas, con nuestras cuerpas, y las redes sociales son prueba de ello. Sandy me escribe en el chat: *si vivieran en un pueblo como el mío realmente sufrirían el «que dirán» ...crecí pensando que sólo estaría con un hombre en la vida... no creo ser la hija perfecta, de hecho a veces pienso que soy insuficiente, mujer, hermana, hija, jefa, persona... soy fiel creyente de que puedo hacer las cosas sola, pero siempre mi familia ha estado conmigo, cuando fui topil, cuando inicié mi primer trabajo...*

***

Una de las cosas más jodidas de este momento histórico para las mujeres es que se nos han sumado exigencias: ahora no sólo debemos ser madres, además profesionistas exitosas, estar bien buenas y además, cumplir con el cargo: ¿y tu nieve de qué la quieres?

¿Podremos cambiar las formas de vernos a nosotras mismas para sentirnos satisfechas con nuestro cuerpo, si somos o no somos madres, si somos o no somos profesionistas, si hacemos o no hacemos cargos, sin exigencias acumuladas, ¿qué pasa con quienes son madres y han logrado crecer a sus hijxs?, ¿no es suficiente?, ¿tienen que hacer más cosas en la vida para sentirse plenas ?

***

Quiero hacerte un mar entero
Para sumergir tus ojos
Para que tus ojos húmedos se pierdan
Para que tus manos toquen, canten
Para que descanses

Para esconder nuestros miedos en la arena
Abajo, tan abajo que se nos olvide dónde los hemos dejado

Para olvidar quiénes fuimos
Para olvidar el futuro donde no estás

Quiero construir una noche larga...
Inmensa como el mar que te prometo

Una mar, para esa noche
Para parar el tiempo
Para sentir, estar
Por ahora y sólo ahora
El mar y la noche

***

Tú y yo podemos todos los días caer en la tentación-fantasía de tener una pareja heteronormada que, se supone, dará solución a nuestros problemas y que de esa manera nuestrxs hijxs saldrán adelante y que esa sería la única forma de hacer comunidad.

Angi me dice: *con mi papá he visto que el cambio de pensamiento es posible, la última vez que hablamos de la familia o la felicidad me dijo que si decidía casarme, juntarme, ser madre soltera o dedicarme a viajar, apoyaría mi decisión. Desde entonces no hemos vuelto a tocar ese tema.*

Hay que ser rebeldes para desafiar a nuestras heroínas y héroes de los cuentos que nos han construido, para vivir nuestros cuerpos, nuestros diversos goces, confrontando entre todas *el que dirán*, para imaginar que la comunidad se puede reorganizar y defender desde otros lazos afectivos. ¿Te imaginas uno?, cuéntamelo.

***

Soñemos que hay otras maneras de estar juntxs
que el sexo no lo es todo
ni tampoco la cotidianidad
que la vida, podemos hacerla de otras maneras
hay que tener imaginación para poder estar juntxs

***

Para mis amigas, mis hermanas, mis amores

UN BOSQUE DE MUJERES: CARTA A LAS ZAPATISTAS

Sylvia Marcos

Sylvia Marcos (Monterrey, 1938) es una académica comprometida con los movimientos indígenas de las Américas, particularmente con el zapatismo y las luchas desde sus mujeres. Profesora e investigadora universitaria. Impulsora de la revisión en el campo de la epistemología feminista, las religiones mesoamericanas, y las mujeres en los movimientos indígenas, así como defensora de una hermenéutica, teoría y práctica antihegemónica feminista. Entre sus libros publicados se encuentran *Cruzando fronteras: mujeres indígenas y feminismos abajo y a la izquierda* (cideci, San Cristobal de las Casas, 2010), *Tomado de los labios: género y eros en Mesoamérica* (Abya Yala, Quito 2011), *Dialogo y diferencia. Retos feministas a la globalización* (ceiich, unam, 2008), *Otro mundo otro camino* (Planetaria, Tepoztlán, 2018). A través de los años ha sido fundadora, docente, consultora, editora, integrante, activista de un numero de organizaciones sociales feministas, espacios académicos y publicaciones incluyendo: Red de Feminismos Descoloniales, *Cuadernos feministas*, cidhal, cidoc, Semillas, Católicas por el Derecho a Decidir, Programa Interdisciplinario de Estudios de la Mujer, piem colmex; Investigación Feminista, ceiich unam; Equidad y Género, crim unam; Centro de Derechos Humanos Don Sergio, La Doble Jornada, Enlace Continental de Mujeres Indígenas, *Journal Alter/Native*; *Journal of Feminist Studies in Religion*, jfsr; *Journal Gender and Society*; sws Sociologists for Women in Society; *Journal RELIGION*; Coordinadora Nacional de Mujeres Indígenas, conami; y Las Cortes de las Mujeres/The Courts of Women.

> Entonces, si eres mujer que lucha, que no está de acuerdo con lo que nos hacen como mujeres que somos, si no tienes miedo, si tienes miedo pero lo controlas, pues entonces te invitamos a encontrarnos, a hablarnos y a escucharnos como mujeres que somos.
>
> Invitación, Encuentro Internacional
> de Mujeres que Luchan, 8 de marzo de 2018

Insertas en la lucha e inmersas en las referencias ancestrales filosóficas mesoamericanas, las mujeres zapatistas abren nuevos caminos, renovados colores, innovadores avances para las luchas por los derechos de las mujeres. Estas reflexiones teóricas tratan de analizar algunas de sus propuestas que emergen desde sus luchas colectivas, de su vivir actuando/pensando y que están presentes en sus discursos de apertura y clausura del Primer Encuentro Internacional de Mujeres que Luchan (8-10 de marzo de 2018, Caracol de Morelia, territorio autónomo zapatista).

La voz de las mujeres zapatistas en este encuentro emerge en colectivo. Esto lo afirmó la Capitana Insurgenta Erika en la apertura: «A mí me toca leer, pero esta palabra la acordamos en colectivo —y enfatizó— …se hizo con todas las compañeras que son organizadoras en este encuentro». Se sabe que tardaron muchos meses para consensuar el «acuerdo», y que ellas eran alrededor de mil zapatistas originarias de zona e interzona del territorio zapatista. «Tardamos meses y así, hasta que llegó el acuerdo de todas, porque si vamos a hacer es porque tenemos que hacer entre todas en colectivo».

En mi esfuerzo por romper barreras entre los discursos feministas y el que emerge desde las zapatistas a traves de sus prácticas de vida y lucha, elaboré esta carta como respuesta a sus discursos que nos interpelaban a todas las participantes en ese magno encuentro.

Inspirada por sus voces presento unas reflexiones teóricas que tratan de analizar aquellas propuestas que emergen desde sus luchas colectivas inmersas, como zapatistas, en la lucha colectiva de sus pueblos.

Yo me presento, en esto que escribo, como ellas lo proponen: «Desde mi rumbo, desde mi modo, desde mi tiempo, desde mi mundo». Cito extensivamente partes de sus discursos de apertura y clausura y elaboro una serie de autoreflexiones teórico-feministas que se combinan, a voces, con extractos y comentarios a sus palabras. Me entusiasma revisar, enfatizar, relevar cómo ellas teorizan a partir de sus prácticas y de sus cuerpos. Hago una lectura de sus conceptualizaciones, las interconecto con teorizaciones sociológicas, antropológicas, feministas y las comparto a traves de esta carta.

Compañeras zapatistas, les escribo esta carta a ustedes que me han convocado, interpelado, corregido, retado con sus palabras, las escuché afirmar:

«Fueron muchos pensamientos diferentes que llegaron a estas tierras zapatistas».

Se refieren a la diversidad nuestra como invitadas de múltiples regiones del mundo, y un momento después ustedes expresan: «Porque una cosa es ser mujer, otra ser pobre, y una muy otra es ser indígena. Las mujeres indígenas que me escuchan lo saben muy bien».

Y añaden: «Y otra cosa, muy otra y más difícil, es ser mujer indígena zapatista. Entonces te decimos, hermana y compañera, que no les pedimos que vengan a luchar por nosotras, así como tampoco vamos a luchar por ustedes… Cada quien conoce su rumbo, su modo y su tiempo, su mundo».

Con claridad en sus palabras, compas, se expresa lo que sistematizan las llamadas «otras ontologías»: la capacidad de vivir y pensar en una multiplicidad, en un «pluriverso» tan demandado por pensador@s decoloniales como María Lugones. Esta forma de auto y multi-referencia en simultaneidad ya rompe sectarismos antagónicos entre feministas.

Un poco más adelante, en palabras de la Insurgenta Erika, ustedes afirman que deben luchar «contra el sistema que les hace creer y pensar a los hombres que las mujeres somos menos y no servimos» y expresan sus luchas contra este remanente discriminativo de los tiempos de su esclavitud en el servicio de las fincas en la región.

Y, después añaden: «Porque no sólo los hombres, también hay mujeres de las ciudades que nos desprecian, que (dizque) porque no sabemos de la lucha de mujeres, porque no hemos leído libros donde las feministas explican cómo debe de ser y tantas cosas que dicen y critican sin saber cómo es nuestra lucha… porque una cosa es ser mujer, otra es ser pobre y una muy otra es ser indígena…».

Cierto, compañeras, ciertas feministas explican cómo debe ser «en libros y con palabras» y además, como ustedes lo señalan, «sin saber cómo es nuestra lucha». Las gentes de afuera, las feministas, a veces ni nos damos cuenta de cómo traemos adentro el marco teórico capitalista neoliberal y la estructura de discriminación racista y de clase que nos enmarca y domina nuestro quehacer. Es un racismo insidioso, un racismo epistémico también. Es el enemigo interior de todas las que queremos cambiar y resurgir con un nuevo rostro acompañando y luchando junto al zapatismo y sus mujeres. Todavía funcionamos, desafortunadamente, dentro de un «imaginario feminista» colonial.

Ese mecanismo crítico del pensamiento colonial tiene muchos estudiosos y grandes pensadores y pensadoras. A veces se nombra «decolonial» o «poscolonial». El historiador indio Ranajit Guha logró sistematizarlo hace muchos años (1980), creando toda una corriente académica internacional y muy sofisticada de teoría de la subalternidad: *estudios subalternos* que llenan ahora grandes espacios en las universidades del mundo entero y aquí en el mismo Mexico universitario. La India es un país con un sistema de castas que funciona a través de todo un aparato jerárquico que convive y favorece las dominaciones de género, de clase, de cultura y de episteme («pistemi» lo llama jocosamente, Moira Millan, mapuche de Argentina). Esta teoría de la subalternidad es muy interesante, muy sistemática, compas, entusiasma, pero, y en la academia, en la práctica ¿cómo la vivimos? Muy a medias, y eso cuando se vive con las mejores intenciones.

Una Otredad ¿feminista?

Ustedes interpelan diversos niveles teóricos con los que frecuentemente ordenamos nuestros análisis feministas, por demás significativos, como el estudio de las ontologías otras, o la llamada interseccionalidad, tan en boga. Casi nos anega hoy *in crescendo* e inunda los análisis cada vez más extensos de intersecciones: clase, raza, género, etnicidad, pobreza, preferencias sexuales, etc., etc. La propuesta para salir de este embrollo teórico de las intersecciones la propone María Lugones, al preferir, referirse y teorizar la coalición. Es un paso complejo desde la interseccionalidad, que está basada en la lógica de la identidad (y la identidad como concepto es una propuesta no sólo esencialista, sino estática), a la lógica de la fusión y coalicion. Ahí, las encuentro a ustedes compañeras en la fusión que nos une a todas las «mujeres que luchan».

Este análisis se hace desde lo personal y «privado» del ser mujer en relaciones de domesticidad con los varones, hasta el nivel imprescindible de las luchas anticapitalistas contra la pobreza, contra la destrucción irreversible de la naturaleza, contra el racismo y la discriminación y luchando por todo tipo de justicia social.

Sin embargo, percibo en ustedes una otredad ¿feminista? hasta ahora no reconocida ni sistematizada que aparece enunciada en éste, su discurso de apertura del encuentro.

Lo diferente y lo magno es que esta enunciación, además, emerge de ustedes como inmersas en el proceso. Mujeres que lo ven desde sí mismas, desde la comprensión vivida y experiencial que llega, luego de procesos complejos y desde la acción y las prácticas políticas, y que se condensan para transformarse en *propuestas teóricas encarnadas* en el hablar del por qué y cómo de sus luchas.

Una otredad indígena aparece desde una configuración, una expresión cultural autoproclamada y redefinida autónomamente que está en permanente mutación: los pueblos originarios, en Mexico, entre los mayas, hoy, en ese territorio en el que como ustedes mismas dicen: «aquí nacimos, aquí crecimos, aquí vivimos».

Pienso que ustedes hacen una articulación del carácter emergente y contingente de construcciones cosmocéntricas, sin negar los sedimentos de nivel histórico y cultural que las sostienen.

Para muestra, se dice en lenguaje coloquial, basta un botón: en la clausura anunciaron que «para darles un abrazo, lo único que podemos regalarles, vendríamos seis mujeres zapatistas para cada una de ustedes: una pichita (que así les decimos a las que acaban de nacer), una niña, una jovena, una adulta, una anciana y una finada».

La pervivencia y presencia de la «finada», que aunque murió permanece en el colectivo de mujeres, nos habla de sus mundos habitados basados en ontologías relacionales que, siempre móviles, funden el interior con el exterior.

Se sabe, además, que en los pueblos originarios la edad mayor es de respeto. Es una característica indisociable de los colectivos de pueblos originarios. La edad incrementa la sabiduría de aquellos que, por lo tanto, reciben un trato respetuoso y cuidadoso ya que los y las que, son mayores, son considerados autoridades sabias. En esta veta ustedes nos invitan «…vienen de varias partes de México y del mundo hermanas y compañeras ya de edad *de juicio*, les decimos nosotras. Les pedimos que les tengan respeto y consideración especial porque nosotras queremos llegar a ser como ellas. Llegar a tener edad y saber que seguimos luchando».

Y EL «SÓLO MUJERES», ¿A QUÉ SE REFIERE?

Ya desde el *Encuentro Comandanta Ramona con Mujeres del Mundo*, llevado a cabo en diciembre de 2007 en el Caracol de la Garrucha, y para contribuir a la genealogía histórica, les presento aquí algunas de mis memorias de aquella ocasión.

En la apertura, adentro del ingeniosamente tablado auditorio, una compañera zapatista del colectivo organizador del encuentro sentenció (señaló): «Aquí sólo mujeres». Después, ya iniciada la apertura del encuentro otra mujer desde el podio increpó: «Al compañero que está ahí detrás del biombo, favor de salir».

Había carteles desplegados por todo el Caracol y particularmente uno grande a la entrada: *En este encuentro los hombres no pueden participar en relator, exponente, traductor, vocero ni representar en estos días… sólo pueden trabajar en: hacer la comida, barrer y limpiar el Caracol y las letrinas, cuidar a los niños y las niñas, traer leña.*

Ahora han dado un paso más allá, para que en el encuentro del 2018 no se permita la entrada a los hombres ni siquiera al territorio del encuentro. Desde entonces ya iniciaba este proceso móvil para proponer espacios propios, sólo para, y desde las mujeres.

Creo que vivimos un quiebre, una ruptura civilizacional. Por ejemplo pienso en las repetidas marchas en el Cono Sur con decenas de miles de mujeres que marcharon en el día contra la violencia hacia las mujeres, para terminar en el territorio Qom en el Chaco en Sudamérica. Ellas incorporan las luchas múltiples de mujeres contra la violencia con las luchas de los pueblos tribus, naciones y pueblos originarios. Las marchas de mujeres en los E.U. contra Trump, con quinientas mil de todos los sectores sociales y todos los colores y todas las generaciones; nuestras marchas en México, insospechadamente multitudinarias, como la del 8 de marzo con el «Nosotras paramos», y, en el Foro Social Mundial, en Brasil, el contingente de mujeres dio esperanzas a la sobrevivencia de este foro. Hay cada vez más numerosas y frecuentes marchas y demandas y denuncias multitudinarias de mujeres y sólo mujeres en muchas partes del mundo.

Ustedes, compañeras, parecen responder a las exigencias hoy de «refundar al feminismo». Todas juntas vamos a pensar cómo es el modo de «nosotras como mujeres que luchan», de hacer política. Política de matriz femenina, pluralista, múltiple, en clave de mujeres que luchan. NO al modo monopólico, que algunas feministas denominan masculino, y que es antagonista del proceso histórico.

Parece que ustedes las zapatistas escucharon este reclamo y su respuesta fue la convocatoria amplia abierta a este magno

Primer Encuentro Internacional Político, Deportivo, Artístico y Cultural de Mujeres que Luchan. Tan amplia y abierta era la convocatoria, que una se podía registrar ahí el mismo día de inicio: ¡en territorio zapatista! ¡Y con la inseguridad que priva en todo México! Que llegaron a participar dos mil zapatistas de los caracoles y aproximadamente siete mil mujeres de múltiples países, colores de piel, tamaños, perspectivas, activismos, identidades genéricas. Escuché: «Disculpe, compañera, es usted otroa?».

Y en su discurso de cierre, compañeras, aparece su aceptación de formas que no le apuestan exclusivamente a luchas llamadas «anticapitalistas, patriarcales» abren caminos insospechados que veremos a futuro cómo se transforman. «Nuestro trabajo —afirmó usted, Insurgenta Erika— va a ser cuidar este lugar para que sólo estén mujeres y no dejar que se meta ningún hombre». Ante el coro de voces aprobatorio desde la colectividad de mujeres escuchándola, continuó: «porque lo sabemos, que son mañosos».

¿Podríamos quizás pensar en «separatismos feministas»?

Los espacios sólo de mujeres son clásicos de sociedades en donde «el género vernáculo» (Illich) prevalece, o sobrevive (Gadamer). Son sociedades del «género roto», como lo ha estudiado Iván Illich. No son propiamente espacios separatistas-feministas o lesbo-feministas. Aunque es cierto que en esos contextos de encuentros de mujeres todas las asistentes feministas hemos estado gozosamente solidarias. Sin embargo, la interpretación zapatista del por qué «sólo mujeres» no es la misma que llega desde los feminismos. En estos significa frecuentemente que en *todo* se prefiere ser sólo mujeres. Para el zapatismo, el sólo mujeres es para *ciertos* tiempos y en *ciertos* espacios del género vernáculo. Por eso al final acabó el encuentro con un gran baile gozoso, con los compañeros bailando a la par y con música de cumbias. Aunque hay encuentros entre ambas posturas y ambas pueden parecer como «sectarismos» femeninos, tienen una matriz y un por qué diferente.

Enfatizando la colectividad de mujeres

«Nuestra palabra es colectiva». Su voz, compa Erika, nos relata que desde la organización de la gira de Marichuy por territorio zapatista en octubre de 2017: «…salió la idea de que sólo mujeres zapatistas vamos a hablar y a honrar al Concejo Indígena de Gobierno» «…Sólo mujeres recibimos a nuestras compañeras del Concejo Indígena de Gobierno y a su vocera». Lupita, Concejala de Acteal, nos comentó, como ella buscaba a *los* concejales durante la gira acompañando a Marichuy, y la respuesta evasiva que recibía desde las zapatistas: «Si ahí están» aunque ella no los veía ni oía. No estaban visibles, ni compartían la palabra. Pensaron en esta posibilidad de ser sólo mujeres desde que María de Jesús Patricio inició su gira en el territorio zapatista en octubre de 2017. Marichuy recorrió seis lugares y cinco caracoles en donde en cada lugar sólo mujeres zapatistas la recibieron formalmente, sólo mujeres tomaron la palabra, sólo mujeres hicieron presentaciones, propuestas, quejas, demandas, análisis de los contextos políticos y sociales. Mujeres invitadas también desde la lucha de l@s desaparecid@s y los feminicidios, entre otras luchas, pero todas estas presentaciones estuvieron protagonizadas por mujeres y sólo mujeres. Y en Oventik llegó un contingente de mujeres zapatistas blandiendo enérgicamente bastones de mando.

Hay un proceso colectivo reflexivo desde las zapatistas y desde el zapatismo entero como proyecto político en donde se implementan espacios, cada vez más contundentes, separados, aunque no permanentes, pero sí específicos, en donde sólo se comparten desde, para y con mujeres.

«...pero ahí vamos avanzando sin que nadie nos diga cómo debemos hacer sino nosotras mismas», nos asegura, en voz colectiva, la compa Erika.

Pues así es, compañeras, ustedes tienen ya un largo camino de años, construyendo su autonomía, desde el encuentro en la Garrucha, pasando por la gira de Marichuy en territorio zapatista y finalmente con estos últimos encuentros, insistiendo en recuperar espacios específicos propios y sólo de mujeres, revitalizando así costumbres del «genero vernáculo» o del género dislocado (roto) que sobreviven (Gadamer) en sus entornos tradicionales y que están en sintonía con ciertas teorizaciones históricas (Illich).

La gobernanza en autonomía, ustedes la ensayan y, como dicen frecuentemente: «no hay libro, ni manual», pues es una creación colectiva a traves de consultas, acuerdos y consensos construidos por y desde el suelo de l@s zapatistas.

Una autorreflexión crítica sobre la internalización de la opresión como mujeres

«Pensamos —nos explica Erika— que sólo mujeres para que podamos hablar, escuchar, mirar, fiestar sin la mirada de los hombres». ¿Cuántas veces las feministas hemos sentido la urgencia por este tipo de espacio? Y añade Erika: «Y no importa si son buenos hombres o malos hombres». Lo que está en cuestión es el orden masculino, las formas masculinas de ser y estar, y la aprobación que buscamos de ellos (inconscientemente) como mujeres desde una posición femenina subalterna. Desafortunadamente, este espacio disminuido, muchas lo hemos internalizado. Así lo denuncian ustedes mismas en su bienvenida:

> Podemos escoger competir a ver quién es más chingona,
> Quién tiene la mejor palabra,
> Quién es más revolucionaria,

Quién es más pensadora,
Quién es más radical,
Quién es más bien portada,
Quién es más liberada,
Quién es más bonita,
Quién está más buena,
Quién baila mejor,
Quién pinta más bonito,
Quién canta bien,
Quién gana en el deporte,
Quién lucha más.
Como quiera, no va haber hombres que digan quién gana, sólo nosotras.

Así que, hermanas, o competimos entre nosotras y al final del encuentro vamos a darnos cuenta que nadie ganó. O acordamos luchar juntas como diferentes que somos en contra del sistema capitalista patriarcal que es quien nos está violentando y asesinando.

Igualdad y diferencia: los feminismos se revisan

En la apertura del Encuentro en la Realidad en 1996, ya la Comandanta Hortensia afirmaba: «Somos iguales porque somos diferentes». Esta frase adentro del trasfondo ancestral maya se nutre de significados filosóficos que he desentrañado con anterioridad en *Tomado de los labios: género y eros en Mesoamérica* (Abya Yala, Quito, 2011) y la revisito ahora a partir del discurso de apertura de este Primer Encuentro en voz de la Insurgenta Capitana Erika, en voz colectiva de mujeres zapatistas:

«...vemos por ejemplo esos árboles que están allá y que ustedes dicen que es bosque y nosotras le decimos "monte"... lo sabemos que en ese monte, en ese bosque, hay muchos árboles que son diferentes... y lo sabemos que hay ocote o pino, hay caoba, hay cedro, hay bayalté, y hay muchos tipos de árboles... Cada uno es diferente pero todos forman parte del bosque o monte que es uno. Pero también lo sabemos que *cada pino, cada ocote, no es igual... sino que cada uno es diferente*». El conjunto (la especie) de ocotes o de caobas o de cedros también tiene su variabilidad interna. No son todos iguales, sin embargo son todos ocotes, o pinos, o caoba con sus variabilidades internas. La metáfora acomoda perfectamente la comprensión de conceptos de igualdad y de la diferencia, que no requieren jerarquías internas. La variabilidad y diferencia inter e intra especies se explica a traves de estas metáforas.

«Lo sabemos, sí —continua Erika—, pero cuando lo vemos decimos que es un monte o un bosque. Aquí estamos como un bosque o como un monte. Todas somos mujeres... lo sabemos que hay diferentes colores, tamaños, lenguas, culturas, profesiones, pensamientos, y formas de lucha... decimos que somos mujeres y además, mujeres que luchan. *Entonces, somos diferentes pero somos iguales*».

Esta es una elaboración teórica compleja expresada en palabras y términos sencillos. Es una teorización sobre cómo se es igual y cómo se es diferente que se transporta y aparece en lenguaje metafórico. El estilo metafórico es propio de los pueblos, es la forma propia de la oralidad y sus formas de transmisión. Es la redundancia desde un ámbito al otro, el espejearse (ser espejo uno de otro metáfora predilecta en el pensamiento zapatista). Foucault expuso este mecanismo al presentar el pensamiento *ordenado* en «las palabras y las cosas», desde adentro de la *episteme* precartesiana. Es la explicación profunda que se reviste de imágenes. Es el tránsito, (el transporte) desde un concepto abstracto a una imagen corpórea, física, que expresa cabalmente lo que el pensamiento abstracto no logra totalmente expresar y compartir.

«Sí —nos lo dice también, la compa zapatista, añadiendo—, lo moderno de este pinche sistema capitalista es que, lo vemos, hizo un bosque a las mujeres de todo el mundo, con su violencia y su muerte que tienen el cuerpo y la cabeza del patriarcado». Descubrimos así esa preocupación expresada por las zapatistas en este encuentro y que es que ya nos hizo «bosque» el sistema, a las mujeres todas, un bosque de muertas, un bosque de asesinadas, descuartizadas, un bosque de violadas, menospreciadas, abusadas, y con los feminicidios impunes. Así nos congrega, nos une, y nos conmina y anima a luchar todas en coalición, como bosque, como monte a luchar para vivir. «Porque como para nosotras vivir es luchar...».

Sólo me queda, compañeras, un saludo final:

Compañeras de lucha «como mujeres que somos», ustedes trazan un camino difícil, autocrítico, de inmersión en procesos colectivos, de dedicación a la lucha por el bien de la colectividad, del bien común y de creación de otras formas de subsistir. Su propuesta es amorosa y feliz, rebosando de cantos, risas, danzas y alegría compartida, que, además, incluye la aceptación de una multiplicidad de diferencias y caminos.

¡Muchas gracias, compañeras!

Le apostamos a seguir co-aprendiendo con ustedes y a unir nuestras luchas a las suyas para: *vivir*.

EL HAMBRE SOY YO

Ytzel Maya

YTZEL MAYA (Estado de México, 1993) es editora y ensayista. Estudió la licenciatura en Lengua y Literaturas Hispánicas en la UNAM. Fue becaria del curso de verano de la Fundación para las Letras Mexicanas en el área de ensayo. Formó parte del Primer Parlamento de Mujeres del Congreso de la Ciudad de México como diputada propietaria. Colabora con diversas organizaciones e instituciones, entre ellas, Oxfam México e Inmujeres. Ha participado en diversos foros y mesas sobre feminismo, género, diversidad sexual y derechos LGBT+. Actualmente estudia la maestría en Sociología Política del Instituto de Investigaciones Históricas Dr. José María Luis Mora. A veces escribe sobre música.

                    cavidad   tú
           lo otro   llama
             amor   congrega
          dos una vez   una sola vez

                    Susana Thénon

Prefacio

Tres pisos, el primero para albergar el negocio familiar, las toneladas de cemento, las varillas, luz, agua, pero no el cariño, las conexiones, los insumos necesarios para construir: ésta es una casa que forma otras casas; el segundo, donde la oscuridad deja de llegar y se esconde por el ventanal que da a un jardín, un balcón, verde sobre vacío, las primeras plantas que sembré y se murieron para dar paso a otras; el último para las habitaciones, el resguardo del sueño, los gritos que nos precedieron y que ya dejé de recordar. Es de noche. Han pasado pocos días desde que llegamos a esta casa; mis hermanos ya se fueron a dormir y mi mamá y yo compartimos el pasillo de la cocina. Esta casa en realidad era un patio, mi papá construyó el techo y las habitaciones. Años después, sobre ese mismo techo, caerá un rayo y le atravesará el cuerpo, amortiguando su fuerza con la brea embarrada sobre los tablones, apenas rozando la piel y el cabello. Sobrevivir. Derribamos algunas paredes y construimos otras. En esta línea recta que traza la avenida se empezaron a erigir las calles de Ciudad Nezahualcóyotl, cuando todo era lodo y las imágenes en sepia se conectaban con los restos de la memoria, rebabas del punk y el rock, charolazos, estoperoles, calcetas blancas con zapatos negros, me platican, botas largas, las Víctimas del doctor cerebro, *los mierdas*, playeras piratas con estampados de los Sex Pistols, recuerdos que ahora son la primicia de una ciudad-dormitorio. Hogar. Esta cocina conecta, más bien, a la sala y al comedor. Parece que estorba. La periferia me parece el centro. No conozco todavía el metro o las grandes avenidas, pero ya visité el mar. Mi mamá saca unas tijeras para intentar quitarme un listón rojo que me amarré con fuerza a la muñeca. Me está cortando la circulación desde hace días. En el recuerdo me murmura algo sobre nacer mujer, sobre mantener cerradas las piernas, las palmas sobre la mesa, no te toques ahí, ten cuidado con las personas, con los silencios, con los hombres, sobre todo con ellos y con el silencio, grita, yo te enseño a gritar, te enseño sobre la vida, sobre ser mujer, dice mientras intenta poner la punta del filo de las tijeras entre mi piel y los hilos mal tejidos.

Corte.

Sangre.

El listón y la carne.

Aprendemos a decirnos perdón, yo también me equivoco, no soy perfecta, soy madre, soy hija, y te corto y te sangro y te pido perdón.

Nos asumimos desde la consecuencia.

Pero no volvemos a hablar del tema.

«Hay algo de lo que no nos curamos, y pasarán los años y no nos curaremos nunca. Quizá tengamos de nuevo una lámpara sobre la mesa y un jarrón con flores y los retratos de las personas queridas, pero ya no creemos en ninguna de estas cosas», escribió Natalia Ginzburg. Quiero pensar, y me convenzo de ello con cariño, que esta escritura, este texto sobre mi cuerpo, no es un hogar sino un futuro posible. Que aquí todavía hay flores y que los rostros de las personas a las que quiero permanecen.

Todavía tengo esa cicatriz en la muñeca.

I

Mi primer recuerdo es un posible sueño en el que mis padres me enseñan a caminar de un lado a otro de la sala, apenas mis primeros pasos. En el recuerdo es casi imposible diferenciar mi cuerpo del piso, pero a lo lejos, desde esta distancia que me concede la memoria, intento delimitarlo conforme a mi avance de un sillón a otro. Mi memoria está llena de destellos que no me permiten diferenciar a los objetos de lo que yo era en ese momento. Estos pasos son el primer lugar en que mi cuerpo pudo asentarse y enfrentar los alrededores. La extensión del brazo de mi mamá hacia el de mi papá, esperando el mío de regreso, como si fuéramos uno solo a favor del movimiento de mis piernas: éste es mi cuerpo, me repito, un cuerpo que no recuerdo haber tenido. Quizá por eso esta evocación y su movimiento me parecen más un sueño que algo que en verdad haya pasado. El cuerpo y los sueños son difíciles de delimitar, sí el peso, sí el sexo asignado al nacer, sí las líneas de la piel que dibujamos alrededor de nosotres, pero nos queda apenas la constante de haber estado, de haber dormido, de ser en un lugar determinado, en un instante y en un espacio: ser un yo habitante y al mismo tiempo un yo del sueño. Ser un cuerpo.

Este recuerdo es pura luz.

Ser cuerpo enfermo.

Pienso en todas las posibilidades de la lengua y su entramado con las corporalidades. Creamos el mundo a partir de ello. Escribimos por primera vez «mi mamá me mima» sin percatarnos de las posibilidades que podía tener una oración tan sencilla: la aliteración, el contacto de los labios para pronunciarla, la apertura, el cierre; las figuras curvas de la escritura, el contacto de la mano con el papel, los dedos sobre el lápiz; el error: juntar las palabras como en el habla, escribir mimamámemima, porque ¿dónde se ubican el espacio o la respiración?, ¿quién determina el error?; la lectura materna, la escritura desde el cuerpo, un texto: una oración que engendra.

Me dedico a escribir un proyecto de investigación sobre el giro afectivo y la percepción del deseo lésbico alrededor de los conceptos de cuerpo, género y violencia; escribo: feminicidio, lesbofeminicidio, acuerpar, falogocentrismo, invisibilizadas, lesbofobia. Todas las páginas del documento en Word se convierten en una sucesión de líneas rojas, palabras que el sistema reconoce como errores. La ciencia del lenguaje le encuentra significados y acepciones diferentes a las palabras en un ánimo emancipador cuya morfología nos describe y nos nombra en el mundo, pero parece que no nos ha alcanzado a nosotras. No fueron suficientes las planas con nuestros nombres de mujer, los nombres propios que heredamos de nuestras abuelas o aquellos que quedaron ocultos y fueron sustituidos por otros, ni los germinados de frijol ni el cuidado de los huevos disfrazados de bebés ni las repeticiones de las lecturas en voz alta de algunos poemas de Rosario Castellanos que nos obligaron a aprender para las ceremonias de clausura en la escuela y que hemos olvidado. La lengua nos olvidó. Somos mujeres agramaticales: nos apropiamos de la disidencia lingüística. Las palabras fallo, errata, desacierto y confusión son nuestras. ¿Cómo nos establecemos a partir de los significados y sus diferentes cartografías, esas coordenadas perdidas en la historia, en los lugares que dejamos atrás y en los que ahora nos pertenecemos a partir de las pequeñas cosas: implosiones del sistema, la revolución?

*

La ciudad se ha ido llenando de cruces rosas sobre los camellones. Los coches con bocinas recorren las calles todos los días a las ocho de la noche para buscar a las desaparecidas. El Estado de México fue la primera entidad en declarar la alerta por violencia de género en el país. Tres años después, en 2018, la Comisión Nacional para Prevenir y Erradicar la Violencia contra las Mujeres consideró procedente declarar una segunda alerta por el alto índice de feminicidios registrados en la entidad. Mi familia siempre ha vivido aquí, entre los municipios de Ozumba y Tepetlixpa, donde hay una calle con el nombre de mi bisabuelo, y mi Nezayork. Cerca de esa calle, nació Sor Juana Inés de la Cruz. En medio de la terracería, las obras a medio terminar y el concreto se puede leer sobre una placa de aluminio pintada de azul: Calle Juan Maya. Mis hermanos y yo tenemos una foto con esa placa. Somos tres infantes señalando el nombre de nuestro bisabuelo priísta, ex presidente municipal de Ozumba, a quien nunca conocimos, por quien jamás hubiera votado y contra quien seguramente hubiera marchado. Sueño con que Sor Juana también.

He ido aprendiendo a habitarme y a deshabitarme a partir de las palabras que otros me enseñan. Me gusta pensar en la posibilidad de las palabras para reflejarnos en las otras, transportarnos, quizá, a lugares menos dolorosos. «Nos contamos historias a nosotras mismas para poder sobrevivir», escribe Joan Didion. Tengo tatuada esta frase en el brazo derecho, entre flores y unas serpientes sáficas. Aunque también creo en las historias y en las palabras del hastío. Por ejemplo, mi mamá me enseñó que niña significaba cerrar las piernas cuando trajera falda y que niña también significaba que tenía que cuidarme del maestro que se llevaba a mis compañeras en su coche después de clases, en la primaria pública donde estudiábamos. La prefecta de la secundaria me enseñó que la palabra puta significaba que no podía doblarme la falda alrededor de la cintura para que se viera más corta y que histérica significaba que no podía dejar que me viera las cicatrices que me hice en los brazos, otra vez. Mis tías me enseñaron que la palabra gay significaba que me iba a ir al infierno y que Cristo no vendría por mí en la hora del rapto. No recuerdo cuándo fue la primera vez que escuché la palabra lesbiana, pero las veo ahora mientras reviso algunas fotos para ese proyecto de maestría. Se ven felices, caminan o quizá corren. El movimiento de sus pies no se logra apreciar bien en esta imagen fija como sus sonrisas, atadas a la misma altura una de la otra, guiadas a través del mismo tenor por la marcha. Lesbianas visibles, lesbianas libres: ésta es la pancarta que sostienen. Es 1979, en los alrededores de la Ciudad de México nevó hace poco. Es muy posible que nunca conozca a las mujeres de la fotografía, pero yo las veo, desde el tono púrpura y rosado que les da la tintura de mi monitor y los años que la imagen no ha conservado bien, para preguntar ¿qué es este límite, estos cuerpos, estas palabras que se empeñan en definirlas?, ¿ellas imaginarían que las vería desde aquí, defendiendo esas otras palabras que ahora tengo incrustadas en la piel? Debe haber un lugar especial en el diccionario para todas las dudas. Un campo lexicográfico abierto a las preguntas y a las certezas también tambaleantes del cuerpo: lesbiana, libre y visible.

*

La memoria no es una verdad absoluta.

II

Leo en voz alta: dieciséis (o *seize*) «el cuerpo es una prisión o un dios. No hay término medio. O el medio es un picadillo, una anatomía, una figura desollada, y nada de eso hace un cuerpo. El cuerpo es un cadáver o es glorioso. Lo que comparten el cadáver y el cuerpo de gloria es el radiante esplendor inmóvil: en definitiva, es la estatua. El cuerpo se realiza en estatua». Y veinticinco (o *vingt-cinq*) «si el hombre [así, l'homme, no la humanidad, no el conjunto de seres que somos en el mundo; no: el hombre] está hecho a imagen de Dios, entonces Dios tiene un cuerpo. Quizá sea, incluso, un cuerpo, o el cuerpo eminente entre todos. El cuerpo del pensamiento de los cuerpos». Estos dos enunciados forman parte de los cincuenta y ocho indicios sobre el cuerpo de Jean-Luc Nancy, filósofo francés que estableció una ontología desde el nosotros, más cercano al fin de las ideologías que a crear una nueva o tratar de explicar otra.

Mi amiga Brenda me recuerda un poema de Viel Temperley: «Voy hacia lo que menos conocí en mi vida, voy hacia mi cuerpo».

Marx, Engels, Simmel, Durkheim y una lista corta de más nombres masculinos que fundaron la sociología como ciencia se reconocen por medio de sus teorías en «el hombre» y, según el enfoque y la dialéctica, desde el empirismo o el racionalismo: desde la idea de una sustancia o materia; de lo real o un ente superior, intersticios de la acción colectiva. En ese cúmulo de conocimiento sociopolítico no existían los pronombres femeninos. No había entonces espacio para nosotras en la ciencia que estudia a la sociedad. Las mujeres éramos otro cuerpo social aparte. U n a - n a d a - i r r e l e v a n t e. Separadas.

III

El hambre es una tipología del deseo. Hasta antes de tener hambre, tuve un cuerpo. Ahora intento redescubrirlo, encontrarlo en alguna parte fuera de lo que concibo como material. Mi carne ya no es mi carne sino la carne de los que me observan; mis huesos ya no son si no son en la carne. Respiro con dificultad cuando hace frío y le temo al color violeta de mis manos. Los muebles que más me pesan son los clósets de ser lesbiana y vivir con el deseo de tener hambre, el estómago vacío, ser liviana, pero con el peso extra, unas cajas abandonadas, de haber nacido mujer en México. Escribe Cristina Rivera Garza en un diario sobre la pandemia, siguiendo a Sara Ahmed, que en un medio descorporalizado «el lugar natural del mueble es el de la discreción, si no es que el de la invisibilidad más artera». Parte de la insurrección que implica abrirle las puertas al clóset es moverse del círculo discrecional y dar un paso fuera. Ser el cuerpo un mueble incómodo.

Empecé a leer sobre el cuerpo y el deseo disidente como parte de un significado otro pero casi idéntico al que yo tenía sobre el propio en *Biografía del hambre*, de Amélie Nothomb.

Aquí radica uno de mis mayores miedos provocado por el mandato de belleza. Aprendí a vomitar en silencio a los catorce. Encontré formas innumerables de eliminar el hambre. Entendí cómo funcionaban las calorías y las empecé a contar. Trescientas, nada más. Subrayé en ese libro: «por hambre yo entiendo esa falta espantosa de todo el ser, ese vacío atenazador, esa aspiración no tanto a la utópica plenitud como a la simple realidad: allí donde no hay nada, imploro que exista algo». Los subrayados en los libros nos reflejan desde puntos que olvidamos. Regresamos a ellos como una que ya no somos y nos sentamos junto a nosotras mismas para leernos aquellas que fuimos.

Cuando se vive con hambre voluntaria, las palabras deseo, comida y saciedad dejan de ser: la genética de los significados se muda a otro plano, uno más doloroso. Nothomb era yo a través del hambre, el texto y el cuerpo. Yo, como ella cuando se narra desde el cuerpo de un hombre viendo a una mujer sublime, era Dios. En Nothomb existe una especie de deseo que no llega a serlo. Un deseo inacabado. Jean-Luc Nancy estaría de acuerdo conmigo. La filosofía y el pensamiento académico sobre el cuerpo y el ethos, esa forma de habitarse desde las costumbres y las razones del ser, parten de la necesidad de articular una identidad a partir del cuestionamiento propio del existir aquí y su relación con el contexto social. El cuerpo, me parece, y a veces es una lástima, una instancia ineludible. Significamos el mundo corporalmente. Dice Donna Haraway que el cuerpo, desde este pensamiento político de su estudio, emerge como vector de muchas tensiones: entre el orden social y la vida cotidiana, entre la tecnología y el orden simbólico, entre la representación política y el espacio personal, entre la ética y la ciencia. Nuestros cuerpos responden por medio del texto a una forma diferente de encontrarse en los espacios narrativos de la historia, desprendiéndose de la idea natural del ser mujer. ¿Cómo nos vamos a revolucionar de las ideas y de las clases y de los esclavos y de los amos? En principio, no hay dentro de esta revolución lugar para el ángel del hogar, ni la mística femenina ni el mito de mujer. El cuerpo se transforma socialmente, deja un rastro de diversos regímenes de cuestionamiento; de ahí se parte para establecer y discernir los diferentes tipos de significaciones corporales, no sólo políticas y territoriales sino de prácticas culturales y lenguajes del mundo. Desde este lugar habitado, podemos empezar a rechazar el poder económico, ideológico y social del patriarcado. Quizás existan otros mundos. Haraway lo apunta en su Manifiesto Cyborg:

> El hogar, el sitio de trabajo, el mercado, la plaza pública, el propio cuerpo, todo, puede ser dispersado y conectado de manera polimorfa, casi infinita, con enormes consecuencias para las mujeres y para otros, consecuencias que, en sí mismas, son muy diferentes en gentes diferentes y que convierten a los poderosos movimientos internacionales de oposición en algo difícil de imaginar, aunque esencial para la supervivencia [...] La frontera entre mito y herramienta, entre instrumento y concepto, entre sistemas históricos de relaciones sociales y anatomías históricas de cuerpos posibles, incluyendo a los objetos del conocimiento, es permeable. Más aún, mito y herramienta se constituyen mutuamente.

Existir y tener un cuerpo es una evocación de los recuerdos propios y ajenos, vestigios de que algo, en alguna parte, fue: ser una existente en el mundo para habitarse a sí misma desde todos los rasgos y definiciones que le son dotadas.

El cuerpo se coloca, apenas hace treinta o veinte años, en el centro de los estudios sociales y humanísticos. Mi concepción del cuerpo viene y se instala en la representación de un espacio conceptual que trasciende hacia la redefinición de los paradigmas natural/social, así como de los binomios materia/discurso y objeto/sujeto. Habitarse como una forma de ser y existir en una misma se transfiere también al ser habitable en el texto. Podemos ser una en el cuerpo propio. Podemos habitarnos desde estos modos y condiciones de existencia cambiantes y resignificables a nosotras mismas. Por eso sigo escribiendo.

Hurgo en la memoria desde este texto, desde los textos de otras, desde el conjunto que somos. La mejor arma contra el olvido, contra ese miedo, el temor de desaparecer del registro oficial de la memoria, tendría que ser el archivo: nuestros cuerpos como textos, como materia articulatoria contra la fractura y a favor de la imposibilidad de la amnesia colectiva. Las narrativas del cuerpo político son un ejercicio de representación: se narra porque existe, porque se derrumba a partir de eso las visiones hegemónicas de los cuerpos. Narrar desde lo político, así como a sus diversidades y divergencias, ya no puede ni debe insistir en una unidimensionalidad de la mirada sobre el cuerpo. Un nuevo diálogo abierto: un cuerpo-texto, lo que implica un cuerpo-borrador que fue una página en blanco; esto es, nuevas posibilidades de escritura, de habitarnos.

*

Me pregunto si Amélie Nothomb también se amarró un listón rojo en la muñeca después de prometerse a sí misma no pesar más de cincuenta kilos.

IV

> amantes (*del borrador de diccionario de Monique Wittig*)
> *Primera y única acepción. Las amantes son aquellas que, experimentando un violento deseo las unas por las otras, viven/aman en pueblos, según los versos de Safo «en belleza cantaré a mis amantes». Los pueblos de amantes de las amantes reúnen toda la cultura, el pasado, las invenciones, los cantos y las formas de vida.*

Nos quedamos inmóviles en la cama. Esperamos a que alguno de ellos intente aterrizar sobre nosotras. Estamos desnudas. No nos hemos bañado en dos días. Nuestra carne es un señuelo vivo frente al sudor, el calor del verano, la noche que trae consigo después la fiebre y el sueño intermitente con voces que surgen de entre las almohadas. La mujer que está junto a mí habla mientras duerme. Sus palabras no tienen sentido, se van hilando en ideas que no alcanzo a percibir para después instalarse en la memoria como una especie de numen que se va borrando al alcanzar su lengua y sus labios. Me gusta llamarlas palabras-sueño. Esa parte de la lengua que sólo se entiende entre amantes, una especie del léxico familiar de Ginzburg, pero con la carga del deseo. Balbuceo tierno. «Fue necesario articular un lenguaje que desplazara el vacío y el silencio experimentado en el modo del exilio», dice Virginia Cano en su *Ética tortillera*. Este exilio es una manera de narrarnos desde los cánones heterosexuales, gramática y taxonomía para, allende, definir unas coordenadas de las prácticas afectivas contrahegemónicas. Esperamos todavía despiertas. Ésta es nuestra forma de cazar los mosquitos que entraron cuando dejamos la ventana abierta durante la tarde. Y éste es el método que ella inventó porque está obsesionada con matarlos. Me fascina esta obsesión. Esperamos y contamos hasta diez. Lo hacemos en francés porque me está enseñando a hablar en esta lengua. Soy torpe con las erres. Un, deux, trois… Nuestros cuerpos escribieron esta historia.

v

El reverso de la totalidad, el otro, el no-sujeto, un continente oscuro: así han sido definidos nuestros cuerpos desde la narrativa política de la construcción patriarcal. Hablar de cuerpos ubicados en un lugar determinado, en un no-espacio como podrían ubicarse la mayoría de los cuerpos femeninos narrados políticamente, es dotarlos también de un ápice de confrontación propia no sólo frente al texto sino frente a una identidad determinada por una sociedad en la marginalia del poder masculino y en la hegemonía canónica de la literatura. ¿Qué es entonces la subversión sino la vertiginosidad de llevar esto a la marginalia, a lo que nunca había sido nombrado, a lo que lo había sido y existido pero desde una mirada masculina? Situarse en el centro de la metrópolis, en el centro escritural desde una sociedad falogocentrista, es decir, esa evidencia estrechísima que existe entre la erección del logos (rey, ley, voz; yo-definitivo, yo-total) y del falo (entendido como el privilegio masculino), como lo plantea Derrida, es ocultar e ignorar todas las hibridaciones culturales que surgen de esos pliegues y dobleces. Me gusta pensar en la escritura y en el cuerpo desde el margen.

Estamos atrapadas en un eterno lenguaje masculino y en un tejido amañado de construcciones culturales que no nos representan. Hasta el siglo pasado, las mujeres estaban exiliadas de sí mismas, incorporadas y circunscritas a una economía, cultura, política y deseo identificable con las necesidades masculinas. La importancia de construir no sólo una narrativa política por medio de la escritura sino un espacio político para nosotras recae en esto. Y lo estamos construyendo. Ser mujer, lesbiana y escribir sobre el cuerpo, sobre la epistemología que forman las escrituras y las lenguas ocultas del lenchismo, me parece una forma de establecer una comunidad desde el texto, ya no canónica sino horizontal, confrontativa, que arde y duele al mismo tiempo, pero que está presente desde la necesidad de nombrarse y escribirse otra. Regreso siempre a las palabras que le dedica Gabriela Mistral a Doris Dana: «Las vidas que se juntan aquí, se juntan por algo. Y están esos encuentros que se tienen que fracasan, que se casan y ellos creen que se adoran y es fracaso… Hay que cuidar esto, Doris, es una cosa delicada el amor». Soy lesbiana, estudio el cuerpo y los afectos con una perspectiva feminista desde la academia, desde la forma propia de habitarla; teorizo la enfermedad y tengo espacio y necesidad para esa hambre de afecto. Me repito: hay que cuidar esto, es una cosa delicada.

VI

Llevamos casi cinco meses en cuarentena. Ella está en Culiacán. Más de mil kilómetros. La primera vez que nos vimos fue en mi fiesta de cumpleaños veintiséis, aunque no recuerdo su rostro. Recorremos el léxico norteño y el cedemexiqueño. Aprendo a decir chilo, jalados y fierro. Inventamos un gentilicio antigeográfico: culichilanga. Todavía no sabe, pero estamos inventando otra lengua. Te menciono en mi ensayo, le escribo. Intento recordar todas las películas y series que hemos visto a la distancia. Inventamos un método para coordinar las pantallas: contamos virtualmente.

>   tres) serie. una temporada. la canción del intro es de ana tijoux. la terminamos en dos días. un feminicidio. o el intento de varios. nos emocionamos cuando ellas se besaron. me dolió el estómago al final. no sé si a ti.

>   dos) película. 85 minutos. céline sciamma. el agua y lo que sucede debajo de ella. las tomas y ellas, siempre ellas, en primer plano. nos recuerda a la vieja normalidad.

>   uno) serie. tres temporadas. todavía no la acabamos. dos mujeres. una detective y una asesina a sueldo. el deseo inacabado. están obsesionadas una con la otra. todavía no se han besado. creí que te habías quedado dormida y dejé de contestarte. soy una horrible persona, dijiste, pero eres géminis con ascendente en escorpio.

VII

Intento terminar este texto mientras afuera hay una pandemia. Alguien en Twitter me escribe que «se sobrevive a todo aquello que nos niegan, obligan, a ser (hacer)» y describe su enfermedad, un trastorno alimenticio, como a una jaula. En México, casi nueve de cada diez pacientes de anorexia y bulimia son mujeres. Nuestras casas ahora son encierro y el cuerpo se convierte ya no sólo en una mazmorra sino en espera, todavía más cruel que la restricción del espacio mismo. Quisiera creerle a Jazmina cuando le escribe a Eula Biss en una carta que no somos islas sino jardines en la selva, pero me cuesta no verme más bien alejada de todo lo que implica el verde y superpuesta en una pantalla de la imaginación que nos legaron los pájaros y sus prisiones, tan cerca de eso, pero fuera de aquello.

*

Provocarme el deseo del hambre y dejar de menstruar significaba que tenía la suficiente fuerza como para hacerme daño desde adentro y que la potencia de mi útero me pertenecía. Nunca me sentí tan cercana a Anne Sexton como en esa época.

(En alabanza a mi útero)

En mi interior todos son un pájaro.
Estoy batiendo todas mis alas.
Querían cortarte
pero no lo harán.
Decían que estabas desmesuradamente hueco
pero no lo estás.
Decían que te
encontrabas mortalmente enfermo
y se equivocaron.
Como colegiala cantas.
No estás roto.

Dulce peso,
en la alabanza de la mujer que soy
y del alma de la mujer que soy
y de la creatura central y de su goce
te canto. Me atrevo a vivir.
Hola, espíritu. Hola, copa.
Detente, cúbrete. Cubierta que contiene.

Hola, tierra de los campos.
Bienvenidas sean, raíces.*

Me arriesgo a vivir y a celebrarme. Welcome, roots. He llegado a pensar que escribo sobre el cuerpo porque me intuyo frente a otras como un cuerpo enfermo, desencajado de los demás, apenas con la mitad del tiempo, de la fuerza, del recorrido, siempre a la mitad de todo. Pero esto es cierto a medias: el cuerpo es un espacio inestable, se refleja en el interior y en el exterior, como una savia finísima de lo que pretendemos sea el equilibrio; un cuerpo inalterable, pero que también se esconde, se desaparece y es desaparecido, se queda inmóvil, cuarteado, atribulado, exaltado, un todo habitable y a la vez nada, donde permanecemos y en el que nos pertenecemos en un sistema violento y desde el cual nos transportamos a un espacio afectivo, amoroso y revolucionario. La (contra)historia y la historia narrada desde el feminismo no sólo se pregunta y se plantea cómo nos vamos a escribir a nosotras sino que se cuestiona y se obliga a preguntar, siempre y a partir de ahora: ¿cómo es la otra mujer?, ¿cómo la estoy nombrando y de qué manera ella me está nombrando a mí? Esta urgencia de autoconocimiento viene de la necesidad de hacernos visibles, de borrar los márgenes del espacio patriarcal: ubicarnos e identificar el no-espacio. De (re)escribir, desde lo no-visible, desde una niebla densa y brumosa, para desmarcar todo lo posible, para quitar los estereotipos, para identificarnos, otra vez, para volver de los pasos violentos del falogocentrismo, esa forma de entender el mundo desde lo universal y lo homogéneo, y apropiarnos del conocimiento

---

* (In Celebration of My Uterus)
Everyone in me is a bird./I am beating all my wings./They wanted to cut you out/but they will not./They said you were immeasurably empty/but you are not./They said you were sick unto dying/but they were wrong./You are singing like a school girl./You are not torn.//Sweet weight,/in celebration of the woman I am/and of the soul of the woman I am/and of the central creature and its delight/I sing for you. I dare to live./Hello, spirit. Hello, cup./Fasten, cover. Cover that does contain./Hello to the soil of the fields./Welcome, roots. [La traducción al español es de Elisa Ramírez Castañeda].

materno, engendrado desde la antigüedad. De salir de los límites textuales y establecer política desde estos nuevos espacios, de-volvernos voz. No sé si quiero ser una buena feminista o si quiero seguir resistiendo desde la comodidad de la praxis en mi escritorio. No sé si haya un día en que me canse de salir a marchar a manera de ritual o si deje de encontrarle sentido a las consignas o a las canciones o a las coreografías, pero tengo la certeza de que este sentido de enjambre es poderoso: en la escritura encontré política y en el cuerpo me hallé en la fuerza de la palabra vulva.

VIII

EL CUERPO LESBIANO LA CIPRINA LA BABA LA SALIVA LAS BOLSAS LAS PAREDES LAS MEMBRANAS EL PERITONEO EL EPIPLÓN LA PLEURA LA VAGINA LAS VENAS LAS ARTERIAS LA POITRINE LES SEINS LES OMOPLATES LES FESSES LES COUDES LES JAMBES LES ORTEILS LES PIEDS LES TALONS LES REINS LA NUQUE LA GORGE LA TÊTE LES CHEVILLES LES AINES LA LANGUE L'OCCIPUT L'ÉCHINE LES FLANCS LE NOMBRIL LE PUBIS LE CORPS LESBIEN

Las lesbianas no somos mujeres, afirma Monique Wittig. Somos desertoras de nuestra clase *mujer*, pero también sobrevivientes no sólo por habitar un cuerpo sexualizado y feminizado de forma violenta sino por acarrear un clóset impuesto desde el mito de la mujer. Me cuesta creer en que existe una alternativa de vivirse así. Las ideas del pensamiento heterosexual de Wittig y la heterosexualidad obligatoria de Adrienne Rich nos ponen en el centro de un concentrado de conceptos todavía más atribulados y complejos. Ser lesbiana es rechazar el orden simbólico de las cosas pero ser lesbiana es también la obligatoriedad de permanecer bajo un modo de vida en Ley del Padre. Ser lesbiana es ser un cuerpo de doctrinas basado en la diferencia de los sexos y los géneros. Ser lesbiana es oponerse al sistema que ostenta el poder sociopolítico. Ser lesbiana, en fin, es desgastante. Ser lesbiana también es tener hambre. Tengo hambre todo el tiempo del deseo, del fin de éste, de los comienzos, de las retiradas, de la soledad. Yo soy el hambre.

En el ser lesbiana encuentro también una parte de mi cuerpo que ilumina otras posibilidades afectivas para establecer vínculos con otros cuerpos y desmoronar ese silencio. Reconocerme y decirme lesbiana me salvó de esa otra hambre porque me ubico desde un cuerpo que por fin me pertenece. Escribir desde el cuerpo y con el cuerpo es des-censurarse. Y en este planteamiento de escritura conjunta y colectiva del afecto disidente y lesbiano conjuro a Hélène Cixous:

> Nos hemos apartado de nuestros cuerpos, que vergonzosamente nos han enseñado a ignorar, a azotarlo con el monstruo llamado pudor, nos han hecho el timo de la estampita: cada cual amará al otro sexo. Yo te daré tu cuerpo y tú me darás el mío. Pero, ¿qué hombres dan a las mujeres el cuerpo que ellas entregan ciegamente? ¿Por qué hay tan pocos textos? Porque aún muy pocas mujeres recuperan su cuerpo.

El regreso al cuerpo es un regreso a las ideas originarias y a su capacidad reproductora y de transmisión primigenia. Se nos va anidando en los textos que vamos escribiendo, desde la primera palabra que pronunciamos hasta la última reacción que mandamos en Instagram. El fuego, la sonrisa y la lágrima también son palabras. Este regreso y aprehensión del cuerpo, desde un reconocimiento otro y desde una forma distinta de habitarlo, quizá ya más lejos de lo preconcebido para éste y más cerca de lo que implica la emancipación de la hegemonía, es una forma de comunicación, desde el texto, un modo y una tecnología del lenguaje. A esta ternura radical me aferro. Ese texto deja de ser texto para convertirse en cuerpo.

4 DIATRIBAS Y MEDIA EN LA CIUDAD DE MÉXICO

BRENDA NAVARRO

Fotografías de Idalia Ríos Lara

BRENDA NAVARRO (Ciudad de México,1982) es autora de la novela *Casas vacías* (Sexto Piso). Maestra en Estudios de Género, Mujeres y Ciudadanía por la Universidad de Barcelona. Especialista en Economía de Género y licenciada en Sociología por la Universidad Nacional Autónoma de México (UNAM). Diplomada en Derechos Humanos con Especialidad en Acceso a la Justicia por la Universidad Iberoamericana. Fue fundadora del proyecto #EnjambreLiterario e integrante del Comité Organizador del Encuentro Escritoras y Cuidados. Ha colaborado con medios como *El País*, *Pikara Magazine*, *La Marea*, *Milenio*, *Tierra Adentro*, entre otros.

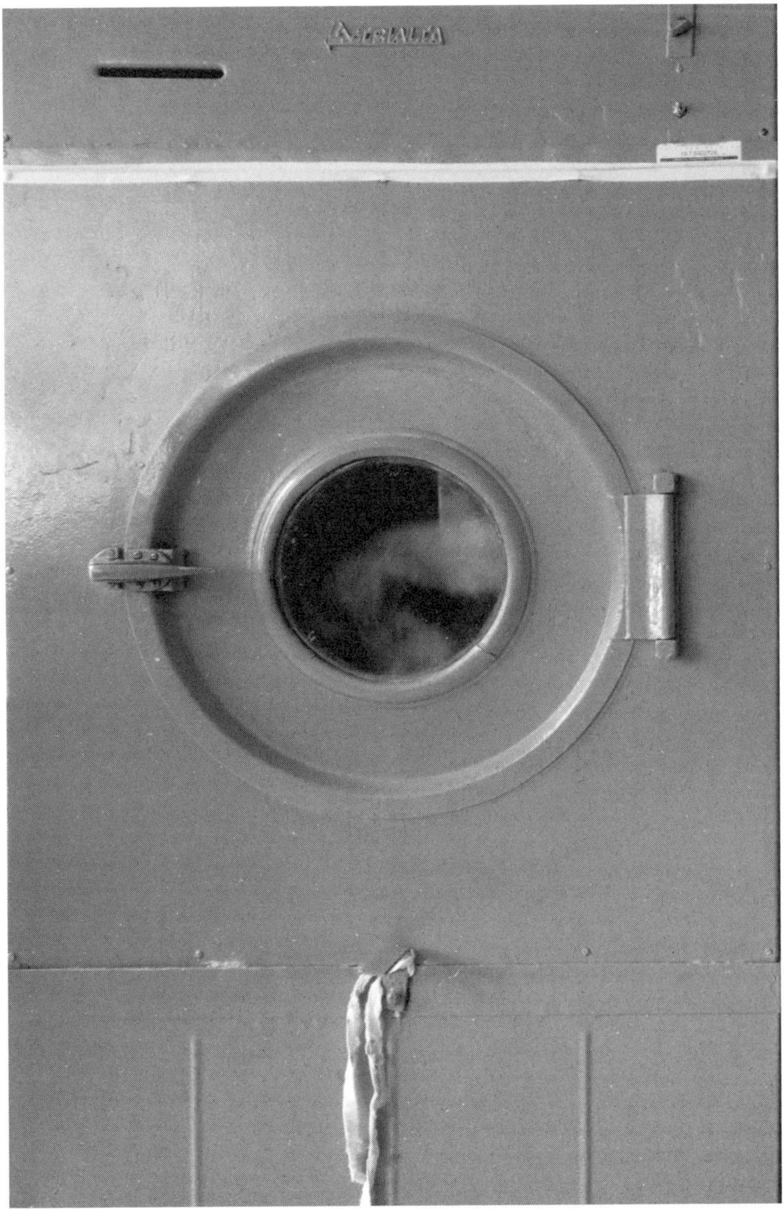

DIATRIBA 1.

No me digas *hermana*,
    hermana
    porque no le dices hermana a la mona, ni a la rata, ni a la zorra
    si acaso,
    adoptas a la perra y a la gata
    porque se dejan domesticar.
    No somos hermanas,
    mana,
    porque me desconoces cuando yo digo sí y tú gritas no,
que no, que no…
    Aunque tu zapato apriete fuerte
    sobre mi espalda
                                cuando no te puedo ver.

    No hay bordado ni picnic
    que me regrese

    Lo que tu padre y tu hermano han usurpado.

DIATRIBA 2.

El corazón, los pulmones y el esófago no son amigos.
   Pero pertenecen al mismo cuerpo
         aunque no se hayan visto nunca.

Las que se juntan
como células en los pulmones
                    no se reproducen
                      porque quieren
  Son
         Y se arrejuntan
    las unas con las otras
porque ¿saben? que ante los *fármacos* hay que ser más fuertes
  visibles
  importantes
  retadoras
  peleoneras
  triunfadoras
  para combatir al cuerpo débil y vejado
         que odian pero que quieren conquistar.

El corazón bombea
bombea
bombea
bombea
y se comunica con las venas y las arterias
periféricas que

Construyen puentes
no alianzas
porque saben,
sí que saben,
como si lo supieran
         que son parte del sistema inmunitario.

El esófago se atraganta
del bolo ~~palabrerío~~.
La deglución es un acto complejo de tres fases
Y las tres actúan coordinadamente en el transporte del bolo
~~palabrerío~~.

El corazón, los pulmones y el esófago no son amigos.
Pero pertenecen al mismo cuerpo
      aunque no se hayan visto nunca.

DIATRIBA 3.

Cuando me dijiste que tus amigas sostenían tu casa
aunque no lo viste
                                    la pantalla es pequeña
    el presidente aplaudió
    el gobernador aplaudió
    la policía aplaudió
    el de Twitter aplaudió
    el militar, tu papá, tu novio
    aplaudieron
    y recibiste diez mil favs.

Pero tu casa
mi casa
o la casa de tus amigas
no son la misma casa
Mi mamá, y la compañera de mi mamá, no tienen amigas
solo casas que limpiar.

Cuando tus amigas y tú se sostienen
        (sobre)
los huesos de mi madre
                              y de otras madres,
se resquebrajan.

Sus pulmones
y la artritis
y el sueño
no sabrán de baja laboral.
                        No sé quiénes son tus amigas
                          Ni qué es para ti la amistad.

Porque cuando me dijiste que tus amigas
te cuidaban
y te aplaudiste

    como el presidente
       y el policía
           y el reportero

 No hablaba yo de nuestra individidualisíma casa, ni de amigas, ni de favs.

DIATRIBA 4.

¿Te molesta compañero?
   Que quiera saber
         qué es
¿Ser impuestos,
moneda nacional,
oro
billete de quinientos?

Ser la mala costumbre de ser hombre
y hablar cosas de hombres
y cagar como cagan los hombres.
Tres cervezas, dos mujeres,
el monógamo impostado.

     ¿Te molesta?

Quiero saber, si te gusta ser,
    si disfrutas
    ser
un partido de futbol
y aparecer en todas las noticias
que te paguen cinco
o veinte
o cuarenta y cinco millones
por hacer gol.

Me interesa,
por curiosidad,
por mero entretenimiento
escudriñar,
¿qué te mueve,
qué se siente
qué te excita
de ser el premio codiciado?

¿Te abruma, compañero?

Qué bonito tu poema, compañero.
                    Te noto incómodo,
          Qué estremecedora tu novela

Mi hermano me besó en los labios a los cinco años
nadie me premiará por eso.

Ser pistola
¿Te gusta ser pistolota?
y gritar ¡Vete a la verga compañero!
Y que te responda que él la tiene más gordota.

¿Te causa estragos, compañero?
Que quiera experimentar
vivir y saber
qué es
          Ser impuestos,
moneda nacional
ser alabado por los hombres.
Mear como los hombres,
abandonar como los hombres
ser padre ausente como los hombres
y entender
    Entender como los hombres
                            Entender de primera
                                  mano

Que antes eres hombre, que mi aliado.

MEDIA DIATRIBA.

El corazón,
    los pulmones
     y el esófago **no** son amigos.

          Nosotras tampoco.
                      Y sin embargo,

    sostenemos la vida.

LAS HISTORIAS QUE NOS CONSTRUYEN

Jumko Ogata

Jumko Ogata (Veracruz, 1996) es escritora afrojaponesa y chicana originaria de Veracruz. Está haciendo su tesis de licenciatura sobre inmigración japonesa a México en el Colegio de Estudios Latinoamericanos de la UNAM. Escribe ficción, ensayo y crítica de cine y ha sido publicada en la Universidad Veracruzana, *Vogue México, La Revista de la Universidad de México* y el British Council de México. Escribe sobre la memoria, identidad, racialización y racismo en los medios.

> Like the dead-seeming cold rocks,
> I have memories within that came out
> of the material that went to make me.
>
> Toni Morrison

> La vida no es la que uno vivió,
> sino la que uno recuerda,
> y cómo la recuerda para contarla.
>
> Gabriel García Márquez

Nuestras identidades son una recolección de historias que contamos y que otros nos cuentan sobre quiénes somos y de dónde venimos. Estas historias nos atraviesan en distintas magnitudes, en nuestra familia, nuestro pueblo, nuestro estado, nuestro país y continente. Muchas son bellas, de amores logrados y legados que hemos heredado. Hablan sobre las estrellas, los paisajes y cómo llegamos a ser. Son las historias que se cuentan en nuestros aniversarios y cumpleaños, las que escuchamos una y otra vez con la misma atención, como si fuera la primera ocasión que las conocemos. «¡Amá, cuente cómo fue aquello, que acá no se saben esa historia!». Se oye a viva voz en los velorios para recordarnos los buenos momentos que vivimos con el finado y en las fiestas entre risas y gritos, recordándonos lo que tenemos en común con quienes nos rodean.

Otras son más duras, dolorosas incluso de escuchar, hablan sobre las violencias y los traumas que nos ocurrieron incluso antes de nacer. Algunas de éstas son tan difíciles de contar que nunca fueron externadas, y para conocerlas hay que escarbar, como en un sitio arqueológico, para tener alguna mínima referencia.

Estas narraciones pueden hablar sobre el despojo, sobre las migraciones forzadas, sobre los procesos históricos que nos afectaron de maneras inimaginables. También son aquellos secretos de familia bien enterrados que se dicen en voz baja en la cocina. «Es que yo no sabía, nunca me dijo». Todas esas historias van forjando la imagen que tenemos de nosotras mismas, su presencia o ausencia informan nuestra conciencia y percepción del mundo. Asimismo, es innegable la influencia de lo que vemos en el espacio público —las representaciones y estereotipos en los medios de comunicación, el lenguaje popular y las narrativas dominantes acerca de las comunidades influyen de manera significativa (aunque no seamos conscientes) en cómo imaginamos que son las personas que nos rodean e incluso qué se espera de nosotras en el espacio público—. Las posibilidades delimitadas dentro de estas historias y representaciones nos marcarán de manera significativa, pues nos muestran de qué somos capaces (o no), e incluso pueden construir (o destruir) la imagen propia en nuestro imaginario individual. ¿Las creemos o no? ¿Con qué nos quedamos y qué es mejor ignorar?

Las historias que informaron mi identidad comenzaron desde la infancia temprana. Viví hasta los nueve años en una ciudad pequeña en California, donde mi mamá y mi papá eran estudiantes becados de la Universidad de California. Yo sabía que no era «americana», nosotros éramos mexicanos y teníamos una cultura distinta. Comíamos enfrijoladas y salsa y regresábamos en las vacaciones a México a visitar a nuestra familia. Sabía que tenía que hablar inglés cuando estaba en la escuela y en la calle, pero en cuanto entrábamos a la casa, todo se convertía en español. En la escuela, me acercaba con los demás niños mexicanos, pero rápidamente me di cuenta de que no me consideraban como uno de ellos. Me veía diferente, pero no sabía exactamente cuál era esta diferencia, y mi nombre tampoco era común para una persona mexicana. Mientras mis compañeros y compañeras se llamaban Samuel, Rosa, Delfina… yo era Jumko. No es un nombre en español. Luego mis papás me enseñaron que eso era porque mi bisabuelo había sido japonés. Aquel país me sonaba muy extraño y lejano, pero lo agregué a mi historia sin mayor cuestionamiento. Japón, somos de Japón y ya. Aunado a eso, dice mi mamá que yo sabía muy bien cómo era leída en público en Estados Unidos: «Mamá, *I'm Black*». Escuchaba mucho la palabra *exótica*, para referirse a mí. Que mi combinación particular de etnicidad y nacionalidad eran percibidos como una cosa extraña, y que eso me hacía *exótica* para los demás, los que eran normales.

La Real Academia de la Lengua Española nos dice que esta palabra viene del griego: define lo *exótico* como: «Extranjero o procedente de un país o lugar lejanos y percibidos como muy distintos del propio». También hace referencia a lo «extraño, chocante, extravagante».* En otras palabras, es la persona que observa quien determina qué y quién es *exótico*; qué es *normal* en su espacio y qué no lo es. Esta construcción a partir de la mirada subjetiva está atravesada de manera íntima por las narraciones hegemónicas que tenemos como sociedad —de manera inevitable miramos a través del racismo, clasismo, sexismo, capacitismo, y rechazo a las disidencias sexuales y de género—. Por ello, las miradas de quienes nos rodean nos asignan identidades basadas en el contraste entre nuestra corporalidad y las suyas. Las diferencias son objeto del escrutinio más detallado, y rápidamente se nos asocia de manera positiva o negativa con las narrativas y estereotipos comunes en el imaginario colectivo.

La mirada occidental blanqueada ha definido históricamente qué es lo *exótico*, transformando a culturas enteras el objeto de sus fantasías y malas interpretaciones. Edward Said

---

* https://dle.rae.es/ex%C3%B3tico

define, por ejemplo, la mirada occidental a las culturas del Medio y Lejano Oriente a través del término Orientalismo, que describe como:

> ...Un modo de relacionarse con Oriente basando en el lugar especial que éste ocupe en la experiencia de Europa occidental... expresa y representa, desde un punto de vista cultural e incluso ideológico, esa parte [...] como un modo de discurso que se apoya en unas instituciones, un vocabulario, unas enseñanzas, unas imágenes, unas doctrinas e incluso unas burocracias y estilos coloniales.[*]

Además, Said insiste en la importancia que esta construcción tiene para Occidente, pues le permite hacer una contraposición con el Oriente. Define un «nosotros» a partir de la diferencia con los «otros».

Durante mi infancia en California no conocía a nadie como yo, es decir, alguien que se pareciera a mí y también tuviera un nombre «raro». No obstante, tenía compañeros de todas partes del mundo, sabía que a varios de ellos también les llamaban *exóticos*, y que en ese sentido, mi pertenencia residía ahí, en esa diferencia compartida.

Una tarde, por ejemplo fui una niña musulmana por un par de horas. Jugaba normalmente con mi amiga Mariam y en alguna ocasión que mis papás tenían clase, fui con mi amiga y sus padres a la mezquita. «No vayas a decir que eres cristiana porque se van a burlar de ti», me decía con mucha seriedad. Me puse el pañuelo sobre el cabello como ella me enseñó, pero las temidas burlas nunca llegaron. Mis rasgos no les hacían pensar que yo no fuera de algún país africano o árabe, como ellos. En Estados Unidos tuve la oportunidad de conocer muchas culturas, idiomas y cocinas, y esa diversidad me hacía sentir que aunque yo fuera «exótica», la mayoría de las personas a mi

---

[*] Edward Said, *Orientalismo*, Titivillus, Traducción de María Luisa Fuentes, 1978, ePub. p. 16.

alrededor también lo eran, así que no había problema. La mayor parte de mis compañeros de la escuela, amigos y vecinos hablaban otro idioma además del inglés, como yo. Todos teníamos nuestra cultura y la compartíamos con los demás, así que lo *exótico* no tenía tanta importancia.

Cuando regresamos a vivir a México me inscribieron en una primaria pública en Xalapa, Veracruz. No me gustaba ahora tener que usar uniforme y pararme más temprano. Los demás niños se burlaban de mí por el acento que tenía al hablar español, me llamaban *alien* y me decían que me regresara a Estados Unidos. Seguía siendo *exótica*, pero ahora la palabra me distinguía dolorosamente de los demás. ¿Y ese nombre tan raro de dónde venía? Te crees mucho por haber vivido en Estados Unidos, ¿verdad? Cada año nuevo en la escuela era el mismo ritual cuando pasaban lista: «Agata... Ogata... ¿Jjjjjumko? Se pronuncia Yumko, sí, es japonés, soy parte japonesa». Tras volver de Estados Unidos mi abuela paterna se fue a vivir con nosotros, para ayudar a cuidarme mientras mis papás trabajaban. Pasábamos todas las tardes juntas y además dormía con ella, así que escuché de primera mano todas las historias de una parte de mi familia con la que no había convivido mucho tiempo hasta entonces. Me contó sobre su papá, cómo fue engañado a los dieciocho años para firmar un contrato, por el que tuvo que irse de Japón para trabajar en México. Todas las tardes me contaba algo más sobre lo poco que sabía de él, pero también hablaba sobre su mamá, sus hermanas y hermanos, su vida en distintas partes del país y de cómo se enamoró del papá de mi papá. Me contó sobre su primer embarazo, cómo la corrieron de su casa por ser soltera, y de la última vez que vio a su padre antes de morir. La escuchaba con mucha atención y hacía preguntas cuando no entendía algo, o para saber cuál fue el destino de los protagonistas de sus historias, pues la mayoría habían ocurrido hacía cuarenta o cincuenta años. Las historias no sólo eran sobre nuestra familia, también me habló sobre los eventos más importantes que habían acontecido en el pueblo, Otatitlán, Veracruz (también llamado el Santuario del Cristo Negro), y por qué habían sido memorables: la llegada del Cristo Negro al pueblo, las celebraciones en su honor a lo largo del año, y los peregrinos que venían de todo el sur a visitarlo. También me habló sobre la profanación que hicieron unos hombres al cortarle la cabeza al Cristo, y cómo murieron trágicamente en años posteriores.

Mi abuela me informó de nuestra historia como familia y como comunidad, y me dio las historias que me permitieran afirmar que ése era mi pueblo también. No sentía una pertenencia total a este espacio, pero ahora sabía de dónde veníamos y tenía lazos, tenues, a un espacio en particular. Del lado materno, las historias que mayor curiosidad me causaban eran las de mis bisabuelos. Pedro y Jacoba habían tenido once hijos, y aunque ya no conocí a Pedro, recuerdo a Jacoba como una mujer de pocas palabras que rara vez sonreía. Mi bisabuelo había sido presidente municipal de Tuxpan, Veracruz y mi mamá hablaba de él con mucho afecto. Lo que ella más recordaba de él era que a pesar de tener decenas de nietos y nietas, sin falta a cada uno en su cumpleaños le enviaba un telegrama, aunque varios vivían fuera de Tuxpan. En las historias sobre mi familia materna destacan las mujeres; mi mamá recuerda claramente a las tías de Xalapa del Marqués que iban a ver al bisabuelo vestidas tan elegantes con sus trajes de istmeñas, decoradas con centenarios de oro y hablando en zapoteco. Mi mamá me contó que mis tías-bisabuelas hablaban zapoteco, pero que mi bisabuelo no le enseñó a mi abuela ni a sus hermanos. También dijo que mi tatarabuela hablaba náhuatl, pero que a mi bisabuela le daba vergüenza, y rara vez lo mencionaba. Teníamos ancestros indígenas, pero raramente se hablaba de ello en la familia materna. Las lenguas se habían perdido hacía varias generaciones y con ello incontables historias de nuestra familia.

En la escuela primaria en Xalapa nos enseñaron otro tipo de historias, o más bien, Historia. Aprendimos sobre las grandes civilizaciones indígenas (con énfasis en la condición de *pasado* glorioso, sin hablar de los indígenas del presente) y sobre el «descubrimiento» de América. El gran proceso del mestizaje, a través del cuál se había creado la población mexicana como la conocíamos hoy. Sólo se hablaba de indígenas, europeos y mestizos, y en algún momento durante esta repetición incansable de esta narrativa enterré la afirmación que según mi madre había tenido tan clara: «Mamá, *I'm Black*». Somos mestizos. Todos somos mestizos, todos somos iguales.

La secundaria y la preparatoria pasaron sin mayor cuestionamiento a mi identidad, la cual se expresaba a través de *la angustia adolescente*; ropa negra y delineador del mismo color, utilizado de forma abundante en los ojos. Mi individualidad preocupaba más que la comunidad, y la exploración de mi personalidad fue prioridad, por encima de mi racialización o mi historia familiar.

Al entrar a la universidad me encontré con un espacio completamente desconocido para mí hasta entonces: la Universidad Nacional Autónoma de México de la Ciudad de México. Miles y miles de jóvenes de mi edad íbamos y veníamos a todas horas, me parecía impresionante tener el privilegio de estudiar en una escuela de reputación y fama tan extensa en el país, incluso en América Latina. Cada que oía hablar de la UNAM en Veracruz, los comentarios iban seguidos de gestos y palabras de admiración —era verdaderamente un honor poder ser parte de esta institución—. Durante la preparatoria veía a mis amigos y amigas preparase meticulosamente a lo largo del año para el examen de admisión, para la primera, segunda o incluso tercera vuelta. Todo para lograr irse a estudiar allá. Cuando fue mi turno de presentar el examen, me sentí sobrecogida por la cantidad de aspirantes que vi aquel día. Llenábamos todos los salones de la escuela; cuarenta personas por salón en edificios de cuatro pisos.

Pensaba desanimada: somos demasiados, nunca voy a poder. Al saber que había sido aceptada pensé felizmente en los compañeros de todo México con los que iba a compartir, y me imaginé que seríamos mayoría. Después de todo, el proceso de los exámenes me había mostrado la magnitud de aspirantes. Me compré emocionada una chamarra de la escuela, con los colores y el escudo: «Por mi raza hablará el espíritu». Durante la bienvenida y las actividades de inducción escuché el goya con emoción, tratando de emular esas frases que aún no sabía de memoria. Sentía el orgullo universitario a más no poder, y ansiaba tener clases en mi nueva facultad.

La primera semana de clases y actividades de inducción no fue en absoluto lo que esperaba. Para empezar, sólo éramos siete u ocho estudiantes foráneos, de los cuales cuatro o cinco simplemente se inscribieron para presentar solicitud en la carrera de cine, que era de entrada indirecta. La mayoría de mis compañeros y compañeras eran del DF, venían de las prepas del sistema UNAM y habían accedido a la licenciatura a través del pase reglamentado. Además, descubrí que en la ciudad estar en la UNAM no se percibía con el mismo respeto que en los espacios que escuché despectivamente ser nombrados como «provincias». A algún interés amoroso le daba vergüenza que usara la chamarra UNAM cuando estábamos en público: «¿Vas a salir así?».

La concepción de la escuela que me había hecho hasta entonces rápidamente se disolvió y fue reemplazada por una realidad distinta. Por una parte, me encontré con algunos profesores y profesoras brillantes, que formaron de manera fundamental mi pensamiento crítico y nos presentaron con textos a los cuales posiblemente no habría tenido acceso de haberme quedado en Veracruz. Por otro lado, el primer acoso sexual que varias compañeras y yo vivimos de parte de una persona en un espacio de poder en la universidad ocurrió a manos de un profesor en el primer semestre, y hasta la fecha que escribo esto sigue dando clases en la facultad.

Me confronté con la Historia que nos enseñaron en la escuela en Veracruz, y encontré una narrativa que había sido ocultada en mi educación básica; los pueblos negros de México.

Leí sobre las personas africanas que habían sido secuestradas, esclavizadas y vendidas en la Nueva España, que aún hoy día existían pueblos afrodescendientes y que uno de los estados con mayor población de este origen era, justamente, Veracruz. Esta información se combinó con mis experiencias en la Ciudad de México —ciertos comentarios que aludían una vez más a esa palabra tan repetida durante mi infancia: *exótica*—. Que si era colombiana o cubana, o que de dónde era, porque se veía que yo no era de ahí. Que si era cierto lo que dicen de las morenas, que qué guapa. El cuerpo, la cara y el cabello que me habían acompañado siempre ahora eran objetos de atención, que eran raros, raros y atractivos. Me di cuenta que aquí, otra vez y de otras formas, yo era un *Otro*, y que esa otredad se debía a mi racialización negra. Ya no se trataba del reconocimiento que hacía de mi propia identidad: «Mamá, *I'm Black*», sino el señalamiento de las miradas externas. «Tú no puedes ser de aquí, ¿entonces de dónde vienes?».

Durante mis primeras vacaciones de regreso en Veracruz decidí observar cuidadosamente mi entorno con esta nueva mirada, particularmente: ¿cómo se veían las personas a mi alrededor? De esta manera redescubrí la presencia africana de mi estado natal; había personas negras en todas partes, en la calle, en mi familia —yo era negra—. Las historias que había aprendido durante la educación básica en México hicieron que aquella parte de mi identidad, tan clara en la infancia temprana, se eliminara por completo de mi imaginario, no sólo como una posibilidad para mí, sino para cualquier persona mexicana. Tantas experiencias que me habían incomodado durante la vida, que no había sabido articular cobraron sentido y nombre. Como niña y posteriormente como joven racializada, había vivido microagresiones y actos racistas toda la vida, había crecido rodeada de mensajes en la escuela y en los medios de comunicación que me enseñaron que yo era menos que: menos inteligente, menos bella, menos valiosa que mis compañeras blancas.

Conforme leía más sobre el origen del racismo, su historia y las maneras en las que se manifestó en América desde la colonización, pude ver sus consecuencias en el presente. El comercial del cine en el que sólo salen personas blancas a menos que se anuncie una fundación de asistencia social. Los comentarios sobre lo bonitas que eran las personas «blaaaancas, blancas». El repudio contra la mera idea de «ponerse prieta». Incluso en el feminismo, donde me había sentido identificada y representada también podía ver las mismas manifestaciones racistas, cómo las mujeres que recibían mayor reconocimiento eran blancas. Este feminismo hablaba sobre la cocina como una prisión, y del cabello largo como una carga de la que nos podíamos ahora deshacer. Proponía dejar de lado las labores que nos habían sido impuestas por nuestro género; el bordado y el tejido eran aburridísimas tareas que ya no debíamos hacer. El maquillaje y la particular atención a la manera en la que nos arreglábamos también era punto de discusión, ¿Por qué obsesionarnos con nuestra belleza si lo que buscábamos era precisamente dejar de ser muñecas sin voz?

Durante mis primeros años tras haber descubierto el feminismo (a los diecisiete o dieciocho, tal vez) tomé estos preceptos con toda seriedad, aunque no me atreviera a cabo plenamente. No sabía por qué no me sentía del todo cómoda con esta forma de pensar mi liberación como mujer joven. Conforme conocí otras perspectivas del feminismo, particularmente el proveniente de mujeres de color, es decir, asiáticas, indígenas y negras, me di cuenta que el movimiento con el que yo había estado familiarizada hasta entonces era el feminismo hegemónico blanco. Las ideas que funcionaban para las mujeres blancas no resultaban funcionales para mi realidad, y fue necesario pensar en otras formas de resistencia al patriarcado. Por ejemplo: para muchas mujeres blancas su cabello puede ser la señal de su belleza y feminidad. Por ello decidían cortarlo y deshacerse de esa carga. En el caso de las mujeres negras, muchas crecemos con una relación complicada hacia nuestro cabello, ya que la sociedad racista en la que vivimos nos enseña que es «malo», porque es «desarreglado», «salvaje» o «poco profesional». Una de las maneras en las que yo aprendí a resistir la violencia sexista y racista fue precisamente aprendiendo cómo cuidar de mi cabello y no exigirle acomodarse como el de mis compañeras blancas. Dejar de desear que fuera lacio y poder cepillarlo, aprender en su lugar a desenredarlo con cuidado, con paciencia.

Al aceptar y apreciar mi cabello por su textura tuve la posibilidad de tejer lazos con otras compañeras y amigas negras a través de la empatía y los cuidados mutuos. Pasar la tarde platicando con ellas mientras trenzaban mi cabello y me enseñaban a cuidar mi nuevo peinado fue parte de este camino de reconciliación con el cuerpo y la belleza que los estándares europeos nos han enseñado que no son deseables. Entendí que apreciar mi belleza por el hecho de que una persona con mis rasgos no encaja en estos parámetros impuestos también es una forma de resistencia. Aunque me hayan enseñado que no piensan que soy bella yo reafirmo que lo soy, me niego medirme y reducirme a sus parámetros y a sus intentos por hacerme sentir inferior. Con el tiempo incluso he llegado a la conclusión de que ya no me siento cómoda identificándome como feminista, precisamente por la historia y el origen del movimiento, y una perspectiva que no encaja con mi manera de entender y ejercer la resistencia antipatriarcal. Con esto no quiero decir que el feminismo sea malo o que no sea un movimiento importante; sencillamente ha pasado a ser una palabra que ya no describe las partes de mí que quiero nombrar. Ahora prefiero hacer referencia a la lucha o al pensamiento antipatriarcal, pues define a lo que me enfrento sin posicionar el espacio y pensamiento occidentales como puntos de partida para enfrentarlo.

Mi sesgo racista había llegado incluso a la lectura, un espacio que nunca había examinado con atención. Leía en su mayoría a escritores y escritoras blancas, que venían de Estados Unidos o de países europeos. El canon literario mexicano, por ejemplo, estaba representado por personas blancas; Octavio Paz, Carlos Fuentes, Elena Garro, Rosario Castellanos. La primera vez que les leí, me extrañaba no sentir identificación con sus historias, que era como leer literatura de un país completamente ajeno y extraño. Las novelas de Gabriel García Márquez me resultaban mucho más familiares, por los contextos, la forma de hablar, la herencia cultural caribeña que se hacía evidente en su voz. Las grandes obras literarias mexicanas reflejaban la realidad de un contexto y culturas que no se parecían en absoluto a mi crianza y familia veracruzana, sentía inquietud de pensar que de acuerdo con estos parámetros ni mi familia ni yo éramos «mexicanos». Simplemente no cumplíamos con esas características. En estas narraciones no encontré mención sobre los mexicanos negros, o los mexicanos asiáticos, o de una identidad que se distanciara del discurso del mestizaje. Sentía un malestar incluso ante las frases que me habían enorgullecido anteriormente: «Por mi raza hablará el espíritu». ¿Cuál raza?

Mis ancestros africanos fueron secuestrados y obligados a trabajar esclavizados —partes enteras de sus identidades fueron eliminadas—. Sus nombres, sus lugares de origen, sus lenguas, y tantas de sus prácticas originarias. Mi antepasado japonés también fue víctima de la esclavitud nombrada con eufemismos y promesas vacías. Él perdió a su familia, y buena parte de su historia quedó perdida por la poca información que dejó tras su muerte. ¿Cómo contar las historias de estos antepasados si tanta información estaba perdida definitivamente?

Para Toni Morrison no se trata de depender únicamente de la memoria para contar las historias de la vida interior de las personas, sino de agregar el acto de la imaginación:[*] se hace una especie de arqueología literaria al usar un poco de información y adivinanza para reconstruir el mundo que dichos restos suponen.

---

[*] Toni Morrison, «The Site of Memory», tomado de *Inventing the Truth*, ed. de William Zinsser, Houghton Mifflin Company: Nueva York, 1995, traducción de la autora.

Desde la infancia he disfrutado el acto de escribir, aunque no fuera algo de importancia, el sentir cómo se llenaba la página de tinta, con palabras y palabras. Más tarde se convirtió en un ejercicio de autoconocimiento, de desenredar mis ideas y sentires en otro espacio, y poder examinarlos detenidamente. Se hacían remolinos de historias en mi mente, de todas las experiencias que había tenido hasta ese momento que se encontraban, se mezclaban, se contradecían, que no hallaban salida. Empecé a escribir todas las historias que había escuchado, en cada espacio que había habitado, en cada voz que me había narrado con paciencia y emoción. Primero escribía sólo para mí, para preservar la memoria de mi familia, pero después empecé a buscar espacios para compartir mis historias. Quería hablar públicamente sobre las otras historias que no fueron plenamente reconocidas y escuchadas. Validar su existencia, al menos afirmando y mostrando que había otras formas de «ser mexicana».

La identidad es una gran historia compleja que nos cuentan, que adoptamos, modificamos y volvemos a contar a los demás, con una nueva forma. Yo escribo sobre quién soy porque en mi historia están contenidas las vidas de mis ancestras y ancestros, de los lugares de los que vinieron, de su fortaleza y de lo que tuvieron que enfrentar. Escribo porque así es como mantengo viva nuestra memoria y me enfrento al esfuerzo histórico que ha pretendido borrar nuestras voces y nuestra existencia del colectivo.

Sigo escribiendo para mí y para mi familia, pero también escribo desde una voz de resistencia —al silencio, al olvido, al racismo que ha dictado cuáles historias valen ser preservadas y cuáles no—.

Mi escritura es la afirmación:

Aquí estamos.

Aunque nos quisieron borrar, aunque nos quisieron olvidar, aquí estamos todavía y ahora nos van a escuchar.

Tsunami 2
se terminó de imprimir en el mes de diciembre de 2020
en los talleres de Litográfica Ingramex, S.A de C.V.
Centeno 162-1, Granjas Esmeralda,
C. P. 09810, Ciudad de México.